U0899033

〔美〕贝纳德 著

张文会 编译

煤炭工业出版社

·北 京·

图书在版编目（CIP）数据

哈佛家训．哈佛所坚持的世界观／（美）贝纳德著；张文会编译．--北京：煤炭工业出版社，2015

ISBN 978-7-5020-5012-2

Ⅰ．①哈…　Ⅱ．①贝…　②张…　Ⅲ．①家庭教育—通俗读物　Ⅳ．①G78-49

中国版本图书馆 CIP 数据核字（2015）第 238731 号

哈佛家训

哈佛所坚持的世界观

著　　者　（美）贝纳德
编　　译　张文会
责任编辑　刘新建
特约编辑　郭浩亮
封面设计　李尘工作室

出版发行　煤炭工业出版社（北京市朝阳区芍药居 35 号　100029）
电　　话　010-84657898（总编室）
010-64018321（发行部）　010-84657880（读者服务部）
电子信箱　cciph612@126.com
网　　址　www.cciph.com.cn
印　　刷　北京毅峰迅捷印刷有限公司
经　　销　全国新华书店

开　　本　880mm×1230mm 1/32　**印张**　8　**字数**　167 千字
版　　次　2015 年 12 月第 1 版　2015 年 12 月第 1 次印刷
社内编号　7858　　**定价**　32.00 元

前言

欲说哈佛家训，就不能不先介绍哈佛大学。哈佛大学始建于1636年，它的成立比美国做为一个独立国家的建立还要早一个半世纪。它坐落在美国马萨诸塞州剑桥市，是一所享誉世界的私立研究型大学，是著名的常青藤盟校成员。这里走出了8位美利坚合众国总统，有上百位诺贝尔奖获得者曾在此工作、学习过，其在法学、医学、文学、商学等多个领域拥有崇高的学术地位及广泛的影响力，被公认为是当今世界最顶尖的高等教育机构之一。1739年更名为哈佛学院，1780年正式改为哈佛大学，直至现在，世界各国的莘莘学子无不把上哈佛读书看为是一种至高的荣幸，为什么会有这样的情况发生呢？这正如哈佛第23任校长科南特所言：“大学的荣誉，不在它的校舍和人数，而在于它培养出来的人的质量。”

那么，哈佛大学为什么能培养出一代又一代的高质量的人才呢？这在于它秉承的是学问的研究而不是世俗的习气。2001年，在哈佛要推选新一任校长时，原副总统戈尔与哈佛最年轻的教授萨莫斯进行竞争，最后，哈佛却选择了萨莫斯。可以肯定地说，这一结果，在其他任何一个国家或大学里都不是容易做到的，但哈佛大学更明白，副总统在管理国家事务中是精英，但在管理具体的以研究学术为主的大学里就不

一定能胜过专业的教授，因为这是两个截然不同的管理领域。这又从另一个方面反应出了哈佛的教育理念和对社会以及自然的认识高度。

应该说，人们对于哈佛大学，更看中的是它的教育和对世界的认识理念，哈佛大学的这些理念，大致可以包括四个方面的内容：

一、哈佛大学首先重视的是要把每一个学生都培养成一个合格的公民，让每一个学生都知道自己对于个人和社会的责任。

二、哈佛大学力求让每个学生都能准确地认识自己，清楚自己所有的长短处以及性格特点。

三、哈佛大学的教育秉承的不是为学生日后的职业做准备，而是为他们日后遇到的各种变化做准备。

四、哈佛大学关注学生的伦理观念建设，让他们知道什么才是最有意义的生活。

我们要介绍的《哈佛家训》就是一本对哈佛教育理念进行通俗诠释的书。我们之所以从哲学的角度来普及哈佛家训，是因为我们认为哈佛所秉持的与众不同的教育理念，更具有哲学对所有科学的统率性、权威性以及它纯粹的自然属性。哈佛的全部教育理念都是遵从于自然和现实的，不带一点世俗气息。

愿此书读后让你有正在受哈佛教育之感。

一 在现实中放飞梦想

二　知识是成功的基石

三 人生重在发现

四　不做痴妄之想

五　行动创造奇迹

六 意念影响成败

七 用发展的眼光看世界

一 在现实中放飞梦想

Chapter 1

人的一生中可能有许多梦想，当一个梦想因现实的阻挠而无法实现时，就应该勇敢地调整梦想的方向。世界是一个大舞台，生旦净末丑都是重要的角色，只要你脚踏实地把握准梦想的方向，那么，总有一个梦想能在现实中开花，让你获得华美的人生！

看似呆板，实是理智

哈佛故事

人往高处走，水往低处流。凡是智力健全的人，无论是在官场，还是在职场，拿到高薪，过较高质量的生活是求之不得的事。但是也有例外。

多年前，位于曼彻斯特的一家船用设备厂雇佣了一名守卫。这名守卫不但受到过高等教育，而且还是一位做事严谨、有条理、讲原则的人，和他接触过的人都觉得让他当守卫实在是大材小用了。

一天，人力资源经理召见他说："你在这里工作已有一段时间了，现在了解你的人都反映你可以胜任更高级别的工作，根据你的表现，我想提升你当办事员，薪金也可以相应提高，不知你意下如何？"

经理说完之后，料想这名守卫一定会欣喜异常，不料这位守卫听完却一下陷入了深思，接着，他出乎意料的说：

"难道我有什么差错吗？我已经干了这么长时间的守卫工作，期间我没做过一次对不起你们的事情！为什么要把我宝贵的经验一笔勾销，调我去做生疏的工作呢？我认为这是对我工作的不信任，是一种侮辱。"

阅后警言

在一般情况下，如果有谁突然把一个炙手可热的职位不附加任何条件地给你，相信你不会拒绝，这也在情理之中。而关键的问题是，如何看待这突然而至的好事，要分清是喜是忧。譬如让一条狗去捉老鼠就不一定是件合理的事，因为狗从一个一流看家护院的好手变成了不伦不类的混混。

不劳而获是一种耻辱

哈佛故事

一位乡下人来到加州的圣何塞市旅游观光。

自从抵达加州之后，他发现加州的气候得天独厚，空气清新，阳光明媚，四季温暖如春，到处是鲜花绿草，他觉得自己仿佛走进了一个无边无际的花园之中，这里比乡下的自然气息还滋润怡人。

一天，他随意漫步，不知不觉走到了一条金色的大道上，道路两旁种的是一株株桔树，沉甸甸、黄澄澄的桔子挤满了枝头。花旗蜜桔是世界闻名的鲜果，今天，他算是见到了它的真容，那浑圆结实、果皮上闪着油光的桔子，使他感到非常亲切。突然，他想到这样一个问题：这些桔子已经成熟了，怎么还长在树上？是因为它酸，所以没有人采吗？他决定问个清楚。

可是，他沿着桔子树来回足足转了半小时，竟无一过往行人，他只好调转方向准备回到住处。这时，他突然见到前方一个背着书包、脚踩旱冰鞋的学生模样的孩子正奋力而有规律地甩动着双臂朝自己滑来。

于是他上前问孩子说："劳驾，孩子，你能回答我一个问题吗？"城市里的孩子大多数是活泼大方不见外的，孩子见到有人要他回答问题，马上把旱冰鞋尖朝地上一点，来了一个急刹车，说："当然可以。"孩子拿出手帕擦擦脸上的汗水说："只要我知道的，先生。"

"这道两旁结的桔子能吃吗？"他指着桔子树直率地问。

"当然能吃。"孩子自豪地说："而且，这是世界上最出名的桔子，甜得很呐！"

"那你们为什么不摘下来吃？"他指着一只熟透的桔子说，"让它掉在地上烂掉多可惜。"

"对不起，先生，我该怎么回答你提出的问题呢？"孩子摊摊手，耸耸肩笑着对他说，"我为什么要吃路边的桔子呢？它不是属于我的。"

孩子说着和他挥手道别。

"这不是属于我的。"望着孩子远去的背影，这位乡下人寻思着这个朴素但又饱含深刻哲理的话语，这是闪闪发光、掷地有声的语言啊！

阅后警言

由于人们的勤奋劳动，加上聪明才智，人们在社会上创造出了无比丰富的财富，这些财富多数都是我们渴望得到的。但不管我们是如何地渴望得到这些财富，它对提高我们的生活质量有多大的帮助，我们都必须牢记这样一个准则：不做不劳而获者，不经过劳动而去享受财富是一种耻辱。

合适的工作是一道多选题

哈佛故事

世界著名的保险推销大王尤里斯并不是第一份工作就做保险推销的，他的理想是当一名出色的舞蹈演员。可是，因为家境贫寒，维持基本生活都非常艰难，父母不但拿不出多余的钱送他上舞蹈学校，还不得不将他送到一家商店当学徒，希望他能悟出点经商的门道，将来也能开个小店。学徒工作不但时间长，而且报酬低，他连起码的生活费和学徒费都交不起，更重要的是，他觉得自己是在虚度光阴，苦于自己的理想无法实现。他认为，“与其这样痛苦地活着，还不如早早结束自己的生命。”

于是，尤里斯做好了跳河自杀的打算。就在他准备实施自杀的当晚，他浮想联翩，他想起了自己从小就崇拜的有着“芭蕾音乐之父”美誉的布德里，他觉得只有布德里才能明白他这种为艺术献身的心情。他决定给布德里写一封信，希望布德里能收下他这个学生。如果能收下他，他就不自杀了。在信的最后，他写道：如果在一个星期内布德里收不到信，他就只好为艺术献身跳河自尽了。

很快，他收到了布德里的回信。他以为布德里被他的执着打动，答应收下他这个学生了，然而布德里并没提及收他做学生的事，也没提及对他献身艺术的精神所感动，而是讲了他自己的人生经历。

布德里说他小时候很想当科学家，因为家境贫穷无法上学，他只得跟一个街头艺人过起了卖唱的日子……最后，他说，人生在世，现实与理想总是有一定的距离，在理想与现实之间，人首先要选择生存，只有好好地活下来，才能让理想之星闪闪发光。一个连自己的生命都不珍惜的人，是不配谈艺术的。

而且，人的一生也不可能注定只有一件工作适合自己，每一项有益的工作都可让自己活得有价值。布德里的回信让尤里斯猛然醒悟。后来，他结束了学徒生涯，从 23 岁那年起进入保险业。很快，他就进入了角色。由于他记住了布德里的关于做每一项有益的工作都可以活得有价值的话，他决定，不管自己选择了什么样的工作，只要它是有益的，他就一定要做得像布德里一样好。最终，在他 28 岁那年他成了美国东部推销保险额度最高的人。

阅后警言

每个人都有理想，也都为自己精心地设计过理想实现的过程，也想象过理想实现时的喜悦与激动，这都是人之常情。但我们需要明白的是，理想与现实不总是统一的，而更多是，不是现实服从我们，而是我们服从现实。

有成功意识才会产生成功磁场

哈佛故事

所谓“成功者者的意识”都包括哪些内容呢？它可能是外表，可能是行为，也可能是一些制度，而最主要的是对成功步骤的整体计划。这些会使你或你的公司看起来更成熟、更有实力、更值得信赖。

有一位修理技师在街区的一角摆了一个小摊，但生意很冷淡，于是，他下了很大决心在市中心租了一间办公室。结果他发现，过去极少找他的顾客增强了对他的信任，他们都开始给他提供大宗的订单。

他说：“真怪，过去从不找我修机器的那些人，开始同我有了业务联系，而且一些陌生人也开始同我联系商定合同，就好像过去我修不了他们的机器，而现在我的技术突然提高了一样！”

还有一位年轻的医生从医学院毕业后，打算从事整容医师的工作，他把办公室设计方案整理好，交给房屋设计师。让设计师吃惊的是，在还没有顾客光临的情况下，他竟舍得花费那么多的钱财。

然而这名年轻医生认为："在整形外科手术这一行业中，你必须为自己的病人创造这样一种气氛：要表现出你不仅在事业上获得了成功，而且还有多年从业经验。没有哪个人想让一个毫无经验的医生为他女儿做整形手术。对于拔牙或者切除皮肤粉瘤这样的小手术，人们也许不会过分关注医生的经验；但是，对美容手术来说，他们就会考虑选择一个医术高明、经验丰富的医师。"

年轻的整容医师搬进了他的新办公室，并用传统方式把他的办公室装饰起来，使人感到他已从事此行业多年。这使他成功地树立起了专业形象，他的生意也非常火爆。

阅后警言

成功几乎是所有美好的愿望得以实现的代名词，但我们是不是知道，所有的成功都是先有成功的意识，而后才有现实的成功呢？所谓成功的意识，包括这些内容：清晰的目标、坚定的意志和切实的行动计划。这些与实现目标的纲领和计划相似，但又有本质的不同，计划是自然的，意识是主观的。后者的重要意义在于：我们所做的一切都是经过自己的精心设计，如树立领导威信，我们可能就会精心地把自己打扮成一个经理人的样子，等等。

保持本色，方能成就卓越

哈佛故事

著名的成功学大师戴尔·卡耐基年轻时的理想是想做一名演员。为了实现自己的理想，他参加培训，拜师求教，接受名人指点，几乎付出了全部心血。尽管如此，他依然还是不像一个演员，但他没有放弃。

很快，他为自己找到了一条自以为成功的捷径。这个捷径其实很简单，也非常完美，他不明白，为什么那么多想当明星的人居然没有一个人会发现这一点。这条捷径是：学那些当年有名的演员怎样演戏，并把他们每一个人的长处学下来，合理运用，让自己成为一个能集所有演员的优点于一身的名演员。可是，后来事实证明这条路根本走不通。以致后来他说："我当时多么愚蠢，多么可笑，我居然浪费了那么多的时间用来模仿他人。现在我终于明白了，我必须要保持自己的本色，我是不可能变成任何人的。"

这些不现实的经历按说应该使他接受教训，然而事实并非如此，他虽然放弃了过去那些不切实际的想法，可又产生了新的不切实际的想法：他想成为一名作家，于是他就开始写小说，其热情不逊于以前学演戏时的程度。

这一次，他想把众多作者的观点都“借”过来写进他的书里——使他那本书能包罗万象，成为演说大全。于是他买了十几本书回来，都是有关公众演说的，花了将近一年的时间，总算把他们的“观念”尽收其中。但结果是小说受到出版商极大的讽刺，他才彻底灰心。

从此，他开始反思：先是盲目地模仿别人，这次又在吃人家嚼过的东西，怎么能够创造出自己的特色和成功呢？演戏也好，写书也好，还是应该展现自己真实的内涵，形成自己的特色。这一次他告诫自己说：“你必须保持你自己的本色，无论你的错误有多少，能力又是多么的有限，你也不可能变为别人。”

终于，他整理好思绪，做了他原本最擅长的成人教育训练班，并获得了极大的成功。

阅后警言

每一个人都是一个独立的个体，正因为如此，每一个人都具有不同于其他人的长处，当我们了解到这些情况后，就应该知道，要实现自己的理想，就必须要尽力发挥自己的优势，走适合自己的路，才可能最大程度地实现自己的梦想。

要实事求是地规划自己的人生路

哈佛故事

在一个很平常的日子，海蒂却经历了一件不平常的事情，这件事给了她很大的震撼，使她开始重新思考人生。

那天晚饭过后，她像往常一样在卧室里打扫卫生，突然，她 5 岁的女儿迪迪冲了进来，郑重其事地坐到她的旁边。

“妈妈，您长大以后想成为一个什么样的人？”女儿问道。

海蒂的第一个反应就是：她又在玩什么想象力游戏了？为了不误导女儿，她郑重回答说：“妈妈已长大了呀，妈妈想当一个妈妈，还想当一个会计师。”

“您不能这样说，因为您已经是妈妈了，而且您本来就是会计师嘛！”

“对不起，宝贝，但是我真的不明白你在期望一个什么样的答案。”

“妈妈，您只要回答您长大后想成为一个什么样的人就可以了。您可以是您想成为的任何人！”

海蒂愣住了，自己到底还能成为什么呢？她已经 35 岁，有了固定的职业，还有 3 个活泼可爱的孩子，有一个称职的丈夫，拥有硕士学位……对她来说，人生难道还能有什么其

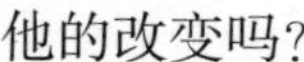

他的改变吗？

她调整了一下自己，然后用一种征询的语气问女儿：“宝贝，你认为妈妈还能成为什么人呢？”

迪迪看着妈妈，十分肯定地告诉她说：“您可以成为您希望成为的任何人！不过，这要由您自己决定。您可以成为一名宇航员，也可以成为一名钢琴家，或者成为一名好莱坞影星……总之，只要您愿意，什么都可以！”

海蒂非常震惊，震惊的不是女儿对她成为一个名人的期望，而是女儿小小的年纪就知道要根据人的能力来设计自己，即据能择位。

自那一次与女儿对话后，海蒂开始了全新的生活——她开始起早锻炼身体，开始把每晚看肥皂剧的时间变为“读10页有用的书”，她开始用新奇的眼光观察周围的一切！

她在改变自己，虽然表面上并没有什么变化，但她的心已经改变了：她时刻在为自己变成一个新角色做准备！她对未来有了憧憬：我若以后还能达到一个更高的程度，一定不放过。

阅后警言

你想成为什么人，取决于你对生活的理解和志向；你到底能成为什么人，取决于环境和你受的教育。最好的结果是，做合适的事，演合适的角色。

随意，不让自己有一点负担

哈佛故事

面对众多的学子对未来主攻方向存在的忧虑，老哈佛人向他们讲述了这样一个故事：

一只屎壳郎像往常一样推起一个粪球，它想把粪球运到它认为应该去的地方，推的时候要越过许许多多的沙砾和土块，然而，它对它的工作充满热情和期待。

正当它专心致志推的时候，前面遇到了一根植物的刺，尖尖的，斜长在路面上。它推的那个粪球，一下子扎在了这根“巨刺”上。

但此时，屎壳郎似乎并没有发现自己已经陷入了困境。见粪球不动，它又铆足劲，可仍不见粪球移动。它又倒着往前顶，还是不见效。它推走了周围的土块，试图从侧面使劲……能试的办法它都试到了。但粪球依旧深深地扎在那根刺上，没有任何移动的迹象。

那么，对于这样一只卑小的动物来说，怎么能解决好这么大的一个“难题”呢？就在这时，它突然绕到了粪球的另一面，只轻轻一顶，粪球便从那根刺里“脱身”出来。

它又推着它前进了。

屎壳郎没有认为这是一次胜利，也没有认为这是一次挫折，它认为这是再平常不过的一次运输罢了。因此摆脱困境以后，就像刚才什么也没有发生过一样，屎壳郎几乎没有做任何停留，就推着粪球急匆匆地向前去了。

未来还会遭遇什么？推粪球对自己究竟有什么用？屎壳郎自衍生以来，就从未过问这些事，它之所以能像其他生物一样存活，就是这样生活的，如果它想这想那，就不会有这个故事，地球上可能也不会有屎壳郎。

阅后警言

屎壳郎为什么会喜欢推粪球，自然是符合某种规律。实际上，凡是经历动荡和变化而能生存的都是符合现实要求的，生活中的随意，也许是我们对生活的最好选择。

要以能否取得成就来作为激励

哈佛故事

哈佛教授H．B·雷林就在校学生与未来所获成就的关系讲过这样的话：“为了发现与学生未来成功相关的因素，哈佛商学院做了大量的调查研究。调查结果显示：一个学生在学校里的成绩与他将来的成就之间并无关系。可能短期内还有点关

系，而长期根本没有什么关系。”

作为一名学生，必须能够正确认识学业成绩与未来所获成就的不同。在学业上跑在前面的人，在人生实践中不一定也跑在前面，起初落后的人也不一定就会永远落在后面。

一项研究表明，在智力水平相当的天才儿童中，成就最高者和成就最低者之间的差距相当大，那些最成功的人士都有两个区别于他人的特征：高度的自信和不懈恒心，或者说充满豪情壮志。

“实践出真知”，真正聪明的人懂得从他人的经验中学习。

影响成功的因素很多。

第一是处理失意的能力。非常成功的人士都能够饱受失意而始终坚持不懈。在你的职业生涯中你将会遭遇一些极为扫兴甚至痛苦的事情，你可能在一个很好的公司里工作，突然公司不需要你了，而你不得不走人。

在事业上取得重要成就的人总是在生活中勇往直前，能正确地面对失意和挫折。而如果只是凭借基础优势，如毕业于名牌大学，但却不知道该如何摆脱失意或失败的情绪而像一个可爱的瓷茶杯：高雅、精致、美观，但是逆境袭来时则脆弱不堪，是不易成功的。

第二是运气，就是机遇。一个人即使再有才能，但如果没有机遇，即适合你施展才能的舞台和环境，也很难让你钟爱的事业取得成功。

第三是公正感。你应该对人公正。要获得成功，你必须有最优秀的人为你工作。如果你不公正或阴险地对待他人，他们就会选择离开。你不得不让二流的人接管他们的工作，而同一群二流员工一起工作是很难取得成功的。

这几种能力也是知识的一部分，但它们却不是在课堂上讲授的，在成绩上很难体现，而这几种能力是成功的必备因素。

不具备它，就很难有成就。

阅后警言

自古以来，学业上的骄子未必就是事业上的骄子，成绩和成就的关系即如理论与实践的关系，成绩好意味着有了取得成就的基础，但要取得切实的成就需要有现实的成果来验证。

按能力而不是按知识来要求人

哈佛故事

一天，一位大学教授好不容易腾出一点闲暇时间，他打算到乡下去，边消遣边了解一下乡下的人文现状。

于是，他雇了一艘小船游江。当船划动后教授问船夫："你了解多少数学啊？"

船夫回答说："教授先生，我对此一窍不通。"

教授又问船夫："那你对物理学了解多少呢？"

船夫回答："物理？我也不懂。"

教授又问船夫："那你会用计算机吗？"

船夫回答："对不起，我不会。"

教授听后不无遗憾地说："如果用一个人所掌握的知识来衡量人生价值，你的人生价值总共已失去 2/3……"

说到这儿，船正在江中，天空忽然飘来大片黑云，随后吹来强风，凭船夫的经验，他们划不到对岸暴风雨就会到来。

于是船夫问教授："先生，您会游泳吗？"

教授愣一愣答道："不会。"

船夫提醒他说："那一会儿恐怕您连同您的知识就会一起失去……"

知识不等同能力，也就是说，知识与能力不完全成正比。渊博的知识固然是提升能力的基础，但不能以此来判定一个人能否胜任某一工作，纸上谈兵的人并不少见。

阅后警言

凡是有能力的人，也多是有知识的人。但仅凭于此，就断定有知识就一定有能力则过于偏颇，这就给我们提出一种警示：不要因为我们具有学历就认为自己什么都行，甚至不顾现实能力就贸然从事自己不能胜任的工作，这样很容易让自己遭遇挫折与失败。

名望的取得靠的是实力而不是作秀

哈佛故事

哈佛知名，是因它的实力和精神。300 多年以来，哈佛已经成为一种象征，是学问和品格的象征。

2000 年，哈佛大学遴选校长，为提高哈佛的知名度，有人提名新近卸任的总统克林顿和副总统戈尔作为候选人。

但哈佛很快就把他们排除了，理由很简单：克林顿和戈尔可以领导一个大国，但不一定能领导好一所大学，领导一流大学必须要有丰富的学术背景，而克林顿与戈尔都不具备。后来，原任美国财政部长、世界银行首席经济学家、副行长萨默斯被选为新校长，因为他在经济学研究方面做到了一流，是国际知名学者。

哈佛大学向来捍卫学术自由，注重教育的独立地位和尊严。在美国历史上，有 6 位总统毕业于哈佛大学，并且，哈佛还曾为华盛顿总统、杰弗逊总统、艾森豪威尔总统、肯尼迪总统等好几位美国总统授予荣誉学位。哈佛学位的授予，对美国总统来说，是一种难得的荣耀，因此每位美国总统都期望能获得这一殊荣。1986 年哈佛 350 周年大庆，里根总统即有意无意地向外界透露了这样一种期望：自己很乐意到哈佛进行现场讲演，但条件是授予他荣誉博士学位……而当时任哈佛校长的鲍克立即做出了回应：“我无意奉承总统的虚荣心！”一时间舆论哗然，但大多数人支持鲍克校长：因为他坚持了大学的独立性，拒绝将神圣的学术世俗化、庸俗化。在捍卫学术自由上，耻于作秀和奉承也更体现哈佛精神。

第一次世界大战期间，哈佛大学心理学教授穆斯特伯格被怀疑是德国间谍，随之，校内外很多人向哈佛大学施加压力，要求将其解聘。一位已成富翁的昔日校友甚至提出：只要解聘穆斯特伯格，他愿意为学校捐资1000万美元。为了平息当时的舆论和压力，穆斯特伯格教授自己主动表态：只要那位校友能把500万美元汇入学校账户，他立即辞职。但是，时任校长的洛厄尔明确表示：哈佛虽然乐于接受捐助，但不会为了钱去损害学术自由，更不会在没有确切证据的情况下辞退教授或接受教授的辞呈！

哈佛大学之所以为全球所瞩目，前任校长科南特的话可能是一语中的，他说：“大学的荣誉不在于它的校舍和人数，而在于一代代教师的质量。一所真正伟大的学校，能聚集来自各地的自由思想者。”

哈佛大学校长鲍克似乎更明白这一点，他说：“只有有安全和自由保证的学者才能去探求科学真理。”这就是哈佛精神。

哈佛之所以能够成为世界知名大学，正是因为它追求的是真理而不是奉承和虚荣。但如果追问哈佛之所以令人崇敬和向往的原因，则是因为它对自己的办学理念的恪守，这就是真理和原则。

阅后警言

同样是大学，但哈佛大学却走出了8位美国总统，2000多位将军和5000多位知名的企业管理人才，而有些大学的毕业生，不要说学问和业绩，连起码的做人做事的规矩都不懂，这是为什么？除了学校的教学水平上的原因外，他要的只是一张文凭，而不是做学问的准则。正确做事的理念，以及对真理的坚持，只有把这些道理搞清了，才能真正做好事。

专注一件事才更可能成为专家

哈佛故事

世界歌坛的超级巨星帕瓦罗蒂未成名时，读的是师范学校。对于未来，他既想当教师，又迷恋当歌唱家，甚至在他必须为未来职业进行抉择时，他也不知道该做什么样的决定。当他请教父亲时，他的父亲并不要求他如何去选择，只是说："如果你想同时坐在两把椅子上，只可能会从椅子中间掉下去！"帕瓦罗蒂终于明白了："生活要求你只能选一把椅子坐上去。"他选择了歌唱，一生矢志不渝，终获成功。

每个人都有两把椅子可以选择。有的人犹豫时可能会有一位"好父亲"点化，有的人则不那么幸运，可能全靠自己去把握。能坐上去的椅子很多，究竟该坐哪一把，人们往往无法决断，生怕坐错了椅子，影响自己的一生。这种心情可以理解，但哪一把都想坐的心理要不得。俗话说："再灵巧的猛犬也难以同时去追朝两个方向奔跑的兔子，再逞能的男人也没有办法一只手同时从两口井里打水。"把这话用在人们对前途的选择上，再恰当不过。什么都想做，其实什么都做不成。一个人的精力毕竟有限，很难做很多事情，尤其是做精一件事是需要时间的。

阅后警言

现实中，人们习惯把某一领域里的顶尖人才称为专家。所谓专家就是专一门学问的行家，"专"体现的是专一，而不是全面。常言道："一心不能二用"，只有专一才容易把精力更好地集中起来，更容易突破难关，取得成绩。

世界上不存在空中楼阁

哈佛故事

一年夏天，有一位来自马萨诸塞州乡下的年轻人登门拜访年事已高的爱默生。年轻人自称是一个诗歌爱好者，从 7 岁起就开始进行诗歌创作，但由于其所居偏僻，一直得不到名师的指点，因仰慕爱默生的大名，故千里迢迢来寻求指导。

这位年轻人虽然出身乡下，但谈吐优雅，气度不凡。两人谈得非常融洽，爱默生对年轻人的印象很好。

临走时，年轻人还留下了几页诗稿。

爱默生读了这几页诗稿后，认定这位年轻人在文学上将会前途无量，决定凭借自己在文学界的影响大力提携他。

爱默生将那些诗稿推荐给文学刊物发表，但反响不大。他希望这位年轻人继续将自己的作品寄给他。于是，两人开始了频繁的书信来往。

年轻人的信写了长达几页，大谈特谈文学问题，他激情洋溢，才思敏捷，表明他的确是个天才诗人。爱默生对他的才华大为赞赏，在与友人的交谈中经常提起这位年轻人。年轻人很快就在文坛上有了一点小小的名气。

但是，这位年轻人以后再也没有给爱默生寄诗稿来，信却越写越长，奇思异想层出不穷，言语中开始以著名诗人自居，语气也越来越傲慢。

爱默生开始感到不安。凭着对人性的深刻洞察，他发现这位年轻人有了危险的倾向。

很快，秋天到了。

爱默生去信邀请这位年轻人前来参加一个文学聚会。

见面时爱默生问年轻人：

“后来为什么不给我寄稿子了？”

“我在写一部长篇史诗。”

“你的抒情诗写得很出色，为什么要中断呢？”

“要成为一个大诗人就必须写长篇史诗，写这种抒情诗是毫无意义的。”

“你认为你以前的那些作品都不出色吗？”

“是的，我是个大诗人，我必须写大作品。”

“也许你是对的。你是个很有才华的人，我希望能尽早读到你的大作品。”

“谢谢，我已经完成了一部，很快就会公之于众。”

转眼间，爱默生与年轻人之间的交往快一年了，可年轻人即使给爱默生写信也从不提起他的大作品。信越写越短，直到有一天，他终于在信中承认，以前自己说的所谓的大作品完全是他的空想。

他在信中写道：

“很久以来我就渴望成为一个大作家，周围所有的人都认为我是个有才华、有前途的人，我自己也这么认为。我曾经写过一些诗，并有幸获得了您的赞赏，我深感荣幸。

“使我深感苦恼的是，自此以后，我再也写不出任何东西了。不知为什么，每当面对稿纸时，我的脑中便一片空白。我认为自己是个大诗人，必须写出大作品。在想象中，我感觉自己和历史上的大诗人是并驾齐驱的。

“而在现实中，我深感鄙弃。尊贵的阁下，请您原谅我这个狂妄无知的乡下小子……”

从此以后，爱默生再也没有收到这位年轻人的来信。

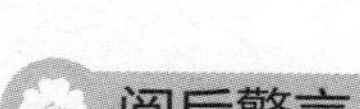

每一个人在独自面对生活的时候，都希望自己能成为一个巨人，一个文学巨人、科学巨人、商业巨人。但不管他要成为哪一行业的巨人，首先要做的就是打牢自己腾飞的基础，即使你的天赋再高，也需要充实，要知道这世界上不存在空中楼阁。

做任何事不可不讲理性

哈佛故事

卡车司机卡里拉的最大愿望就是驾驶飞机。他高中毕业后便加入了空军行列，希望成为一名飞行员。但不幸的是，他的视力不及格，因此只是当了一名地勤人员，直到退伍他也没坐过驾驶员的坐椅，他只有坐在草坪的椅子上，幻想着飞行的乐趣。

一天，卡里拉突发奇想，他到当地的军队剩余物资店买了一筒氦气和 45 个探测气象用的气球。这些气球非常耐用、充满气体时直径达 4 英尺。

在自家的后院里，卡里拉用皮条把大气球系在草坪的椅子上，他把椅子的另一端绑在汽车的保险杠上，然后开始给

气球充气。

接下来他又准备了三明治、饮料和一支气枪，以便在降落时可以打破一些气球，以使自己缓缓下降。

完成准备工作之后，卡里拉坐上椅子，割断拉绳，让气球升起来。他的计划是，等到气球升到一定高度时打破一些气球，然后慢慢地降落回到地面。但事实出乎意料。当卡里拉割断拉绳时，他并没有缓缓上升，而是像炮弹一般向上发射。他也不仅是飞到200英尺高，而是一直向上爬升，直停在11000英尺的高空！这时，他不敢贸然弄破任何一个气球，否则要发生什么情况，他想都不敢想。于是他停留在空中，飘浮了大约14个小时，他完全不知道该怎样回到地面。

终于，卡里拉的气球飘浮到洛杉矶国际机场的进口通道。一架法美航机的飞行员通知指挥中心，说他看见一个家伙坐着椅子悬在半空，膝盖上还放着一支气枪。

洛杉矶国际机场的位置是在海边，到了傍晚，海岸的风向便会改变。那时候，海军立刻派出一架直升机去营救，但救援人员很难接近他，因为螺旋桨发出的风力一再把那自制的新奇机械吹得愈来愈远。最后，救援人员费了好大的劲才停在他的上方，垂下一条救生索，把他慢慢地拖上去。

卡里拉一回到地面便遭到逮捕。当他被戴上手铐时，一位电视新闻记者问他："你为什么这样做？"此时的卡里拉还振振有词，满不在乎地说："人要实现他的愿望总不会有错吧。"

阅后警言

一个人为自己钟情和热爱的理想孜孜以求的时候，理应是得到支持和帮助，但是，一个人喜欢的事业和理想必须切合实际，行动也必须积极有效，不能为了标新立异或一时痛快而做出违背理智的行动。

看花启示

哈佛故事

同是欣赏，但不同的人在同一欣赏对象那里也会得到全然不同的感觉：有人感觉到了美，有人情感得到了释放，也有的人因欣赏而浮想联翩，其实，人们的多数行为都来源于外界的启示。比如：

一位对花卉颇有研究的专家说：“在花的世界里，你可以发现这样的规律，几乎所有的白花都很香，芳香四溢，而越是颜色艳丽的花，其香越淡，他们缺乏这种芬芳。”他最后的结论是：人有时也是一样，愈朴素和单纯的人，其内在也越美。

这位花卉专家又说：“大家都知道夜来香，它的花其实在白天也很香，但却很少有人能闻得到。”他总结这方面的原因说：这是因为白天人们忙于正事，根本就没有时间与心情顾及花，所以也就闻不到夜来香散发的幽幽香气。如果一个人在白天心平气静，那么就会发现夜来香不只是在夜里，在白昼也是香味四溢的。

他还说："清晨，如果要买莲花，那么就一定要专门挑那些盛开的。"他认为：早晨的时候，是莲花开放的最好时间。如果一朵莲花在早晨都不开，那么中午和晚上开的几率就更小了。人也一样，一个人在血气方刚的时候都无所事事，没有什么大的作为，要是等到中年或夕阳西下，就更别想有所作为了。

这位花卉专家还说："越是富贵的花越容易凋零。"他的意思是：告诫人们要时时珍惜青春，因为青春短暂得就像名贵的花儿一样，最易逝去。

在论及为什么每一株娇艳的玫瑰都有刺的结论时，他说：正因每个人的脾气秉性不同，所以爱护一朵娇艳的玫瑰，并不需要绞尽脑汁，努力把它的每根刺都拔除，只要你学会如何防止不被它的刺弄伤就好，同时还要学会怎样才能不让自己的刺划伤周围爱你的人。

阅后警言

一个真正的智者，他获取智慧的来源，并不是非要名师，更无须研读神秘莫测的书籍，只要留心，只要自己的思想没有蒙上过多世俗的灰尘，那么无论是在一粒不起眼的沙子上，还是发生在自己眼前的一件小事上，他都能听见智慧的声音，因为智慧无处不在。

把愿望建立在所有人的支持之上

哈佛故事

韩国前总统金大中在2000年获得诺贝尔和平奖，韩国某财团研究决定献给总统一份礼物。可究竟献一份什么样的礼物才最有意义和最能体现珍贵呢？他们想起一句老话：赠人以良言，胜于赠人以珠宝。于是，他们最终拿定主意，不惜花重金购买美国民主制度的经验送给总统。

英国剑桥大学的纽纳姆学院，在历任总统的研究方面具有很高的知名度，于是韩国财团委托他们来研究这一课题。

纽纳姆学院接受这一课题之后，在关于所有美国总统的资料中追根寻迹，从美国当代的民主制度一直研究到美国第一任总统华盛顿的民主建国思想。在研究华盛顿民主建国思想的来源时，他们被吸引到了“一棵苹果树”的故事上。

华盛顿14岁的时候，在自家的后院栽了一棵苹果树。他父亲见到后对他说：“你若想将来吃到苹果，就应该把它种在有阳光的地方，并且不断地给它浇水施肥。”他父亲转身离开的时候又加了一句：“如果你帮助别人得到他想要的，你就能得到你想要的。”

纽纳姆学院对相关的大量资料查阅后指出：史料上记载，

华盛顿在 1787 年费城立宪大会上，曾反复谈到了他父亲当时说过的这句话，正是这句话，影响了华盛顿一生的行事准则，对促进美国民主制度的诞生和完善起到了至关重要的作用，它正是美国民主制度经验的精华和核心。

最后，韩国某财团向纽纳姆学院支付了 200 万美元，买下了苹果树下的这句话“如果你帮助别人得到他想要的，你就能得到你想要的”，并将它赠送给金大中总统。

这一消息在韩国披露后反响热烈，得到了有识之士的高度评价。他们认为，这 200 万美元花得值，它对进一步发展和完善韩国的民主具有重要的指导和推动作用。而令人意外的是，不少国民竟然自动捐款给贡献这项研究成果的财团，使他们的股票直线上升。

之后，韩国财团花 200 万美元买来的这句话，成为家喻户晓的名言，成为许多韩国人指导自我生活的行为准则。

阅后警言

在世界上，所有的利益都有共同拥有的意向，不单属哪一个人，每个人只有在心底养成一种我为人人、人人为我的行为意识，现实中个人的愿望才能实现。

只有眼下的时光才是有意义的

哈佛故事

杰克13岁时，他的弟弟10岁。有一个周末，一个杂技团来到他们镇上巡演，这让小镇上的所有孩子都欣喜若狂，都要求父母带着自己去观看，杰克的爸爸也答应兄弟俩，晚上带他们一起去看杂技表演。

这对于杰克和弟弟来说，别提有多高兴了。于是，他们早早就洗了头，换了衣服，把浑身上下收拾得整整齐齐。

中午吃饭时，家里来了一个电话，是找爸爸的，说是有紧急事情，要他马上去城里一趟。听到这个消息，杰克和弟弟都异常紧张，他们心想，这个杂技肯定是看不成了。

然而，当他们沮丧地放下饭碗走进客厅时，却听见爸爸对着话筒说："不，不行，我脱不开身，得等等，到周一再说吧，我还有更重要的事情要办！好了，就这样。"接着就听到了爸爸放电话的声音。

爸爸回到餐桌旁，妈妈劝爸爸说："其实你应该去处理这件事，因为杂技团还会再来巡演的。"

而爸爸回答说："我知道，杂技团总会再来，但是，孩子们的童年是不会再来的。"

许多年过去了，杰克仍然记得爸爸说过的那句话。他在日记中写道："也许那一天算得上我一生中最温馨的一天，我和弟弟都感到了自己的重要，感到父亲对我们的爱和珍视。正是这种爱和珍视，给了我们生活的信心和自豪。"

这位爸爸无疑是了解人生意义的专家，他所展现的不仅仅是对孩子的父爱，更是向我们表明人生没有等待，有时等待即意味着失去。

阅后警言

人生的下一秒难以预料，一息不来便是隔世了。唯有珍惜当下，才不会留下遗憾。让我们把每一个平凡的日子都当成人生的最后一天来珍视吧。

凡事以事实为依据

哈佛故事

在一所大学的某个教室正进行一堂实验课。

教授进入教室时手中拿着一只烧杯，烧杯中盛着大半杯微黄色的液体。教授对同学们说："今天的实验课我要求同学们要注意两点：第一是专心，第二是刻苦。这是所有实验的共同要求，专心要求我们不要漏掉任何细节，刻苦要求我们不

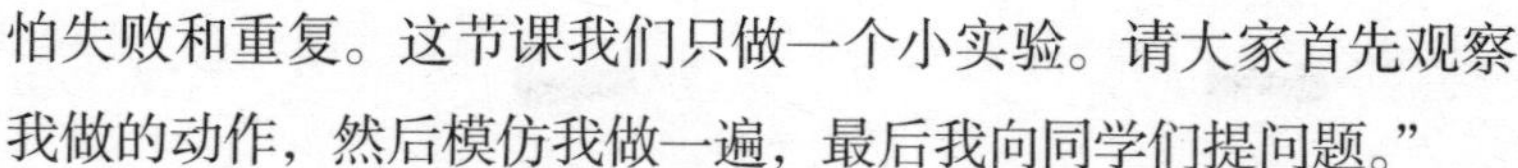

怕失败和重复。这节课我们只做一个小实验。请大家首先观察我做的动作，然后模仿我做一遍，最后我向同学们提问题。”

说完，教授左手端着烧杯，右手的一个手指浸入烧杯的液体中，几秒钟后拿出来，然后将手指放进嘴里舔一下。教授做完示范后，学生们一一走上来，如法炮制。

等所有的人都完成之后，教授问大家：“请问，你们在这个实验中得出了什么样的结论？”同学们大声答道：“我们知道杯中的液体是一种又涩又苦的味道。”教授最后又问了一句：“有哪位同学有不一样的结论？”

好半天没有人说话。教授看着所有的同学，发现有一个同学似乎有话说，于是指着他说：“你有什么不同见解吗？”那个同学迟疑地站起来说：“我没有尝到任何味道，我想教授刚才也没有。”听了这话同学们都惊讶万分，此时，教授的表情显得复杂。接下来教授告诉同学们，这次实验只有刚才这位“没有尝到味道的”同学得A，其他都是零分。同学们大惑不解，教授略带几分责备的语气说：“刚才大家都没有真正看清我的操作。我把食指浸到杯子里，而放进嘴里的却是中指。这个动作同学们都没看仔细，所以，你们的感觉是对的，但程序是错的。”

阅后警言

当我们被要求对所接触的事物发表评论的时候，我们必须依据事实，相信自己的眼睛，不要受到来自外界信息的误导，即使是面对权威也不能盲从。

做自己感兴趣的事最容易成功

哈佛故事

勉强升入高中学习的哈里，还是学不下去了，成绩越来越差，以致校长找到他的母亲反映说："哈里或许并不适合读书，进入高中以来，他的成绩就一路下滑，差得简直让人无法接受，他甚至连两位数以上的计算也弄不懂。"

母亲听后很伤心。但她并不想让哈里辍学，于是母亲向校长保证，要通过其他渠道对他进行辅导。可是，不论怎样，哈里对读书还是不感兴趣。为了安慰母亲，哈里也曾逼自己努力学习，但无论如何他还是记不住那些需要记住的知识。

然而有一天，哈里路过一家正在装修的超市，他惊奇地发现，有一个人正在超市门前细心地雕刻一件艺术品，这让他顿时产生了浓厚的兴趣。他不由自主地凑上前去，好奇而又用心地观赏起来。

从那以后，哈里就对一些稀奇古怪的东西非常用心，无论在什么地方，只要看到什么奇特的材料，包括木头、石头甚至硬土块等，必定会仔细地揣摸一番，有的还被他带回家，按自己的想法进行打磨或塑造，直到它的形状让他满意为止。

哈里的这种不务正业的举动让母亲很着急，她不希望儿子因为玩弄这些东西而耽误学习。顺从的哈里只得听从母亲的吩咐，尽力地继续读书，但他也从来没有放弃自己的爱好。

最终，哈里还是让母亲彻底失望了，高中毕业后竟没有一所大学肯录取他，包括本地那几所并不出名的学院。母亲只好对哈里说："走你自己的路吧，再也不用有谁来对你负责了，因为你已长大了！"

哈里知道，自己在母亲眼中是个彻底的失败者，他很难过。但他不甘心就此失败下去，他相信自己有能力取得成功，他决定远走他乡去寻找自己的所爱。

许多年以后，为了纪念一位名人，市政府决定要在政府广场上放置一位名人的雕像。来自各地的众多雕塑大师纷纷应征献上自己的作品，期望能够被选中，这样自己的名字将与那位名人联系在一起，这将会是难得的荣耀和成功。

结果，一位远道而来的雕塑师的作品获得了市政府及专家们的一致认可。

在雕塑落成典礼上，市政府请这位雕塑大师发表感言。这位大师说："现在我最想说的是，我想把这尊雕塑献给我的母亲，因为我在读书时没能获得她期望的成功，我曾经的失败令她伤心失望。现在我要告诉她，我没能在大学里得到一个位置，但生活中总会有我的一个位置，一个成功的位置。我想对母亲说，她曾经的督促没有错，她曾经的期盼也不会落空。"

这个人当然就是哈里。在人群中，哈里的母亲早已喜极而泣。她知道哈里并不笨，只是他当初没有找到自己所爱的事业。

阅后警言

走自己的路，别在意别人的评价，因为别人不是你，只有自己才最了解自己。只要你能正确地把握自己，就可以勇敢地选择自己的道路，不一定非要走那些自己并不情愿，甚至由外力强行指派的道路。只有做自己喜欢做的事才更容易成功。

二 知识是成功的基石

Chapter 2

“哈佛家训”实则是一种有关学问和知识的训导，是一种如何运用已学知识，解决实际问题的告诫和提醒。但真正懂得这种告诫和提醒的人必须掌握一定的知识，当然，我们并不是说没有知识的人就不可能成为成功者，我们所要强调的是，要做成任何一件事，知识都是不可或缺的。

了解一点年轻人的心理很重要

哈佛故事

一位刚退休的老先生回到家里终日无事，感觉很寂寞，于是他打算写一部自己自参加工作以来的有关工作方面的回忆录，目的无非是为了打发无聊的时光。

刚一写作，老先生就进入了状态，一切都很好，安静的环境对老人的精神生活和写作很有益。可突然有一天，三个男孩放学后开始来他家附近玩，他们玩的游戏是每人拿根棍子来回击打一个罐头盒子，声响很大。

老人受不了这些噪声，于是去跟这几个男孩商量。老人说："你们玩的这个游戏很有趣，我也参加可不可以？"几个男孩听了大笑说："我们跟您怎么玩在一起啊，不行，不行！"然后，老先生说："我很爱这个游戏，即然你们不让我参与，可我有一个请求，你们必须答应我，就是你们每天都要来这里玩，因为我喜欢。如果答应我，我给你们每天每人 10 美分。"

三个小孩很高兴，于是每天都准时到这里来打盒子。过了三天，老人发愁地说："最近我吃药花钱太多了，从明天起，我只能给你们 5 美分。"

三个小孩听了都很不高兴，但还是答应了这个条件。每天下午放学后，继续来这里打盒子。一个星期后，老人愁眉苦脸地对他们说：“最近没有收到养老金汇款，对不起，每天只能给 1 美分了。”

“1 美分？”其中一个小孩生气地说，“我们才不会为了 1 美分来这里为您表演呢，不干了。”

于是，老人的门前又恢复了安静。

阅后警言

工作中，特别是做心理工作，如果你掌握了一些有关心理学的知识，你会感觉到与人沟通很容易，也很可能避免矛盾的出现，并就某些意向达成共识。

把知识升华为智慧

哈佛故事

1984 年，在俄亥俄州举行的国际马拉松邀请赛中，名不见经传的黑人选手巴拉尼出人意外地夺得了冠军。当记者采访这位马拉松比赛中冲出的“黑马”时，他说：“就实力而言我并不一定是最强的，但在比赛过程中，我无疑是最善于把知识变成夺取胜利的智慧的人。”

当时许多人都认为这个偶然跑到前面的人是在故弄玄虚。

马拉松比赛是体力和耐力的运动，只要身体素质好又有耐力就有望夺冠，爆发力和速度都还在其次，说用智慧取胜实在有点勉强。

两年后，意大利国际马拉松邀请赛在意大利北部城市米兰举行，巴拉尼代表美国参加比赛。这一次，他又获得了世界冠军。当然，这次记者更不会放过让他畅谈经验的机会。

巴拉尼依旧神情木讷，不善言谈，回答仍是上次那句话：用智慧战胜对手。这回记者在报纸上没有再挖苦他，但对他所谓的智慧迷惑不解。

直到10年过去了，这个谜才在他的自传中揭开，他在自传中是这么说的：在每次比赛之前，我都要乘车把比赛的线路仔细看一遍，并把全程分成若干段，再把每一段终点处的醒目标志画下来，如第一段的终点标志是银行，第二段的终点标志是一棵大树，第三段的终点标志是一座红房子……这样一直画到赛程的终点。比赛开始后，我就以百米的速度奋力地向第一个目标冲去，等到达第一个目标后，我又以同样的速度向第二个目标冲去。40多公里的赛程，就被我分解成这么几个小目标轻松跑完了。

阅后警言

现实中，我们做事之所以有时会半途而废，这其中的原因往往不是因为难度较大，而是觉得成功离我们较远，而让自己缺乏兴趣和助力，确切地说，我们不是因为失败而放弃，而是因为倦怠而失败。在人生的旅途中，如果我们能时常给自己一些期望，那么奋斗过程中的热情可能就会更高涨，这样，夺取胜利也可能会更轻松。

把扫兴之事变成高兴之事

哈佛故事

由一位哈佛人创办的公司自创立之日起就坚持非精英人士不招的原则，因此，该公司自成立以来事业一直蒸蒸日上。但这一年因受国际供求关系的影响，利润却大幅下跌。

董事长知道这是国际市场变化所致，并不是公司经营决策上的失误，相反，公司全体为公司拼命的情况丝毫不比往年差，甚至可以说，由于人人意识到经济的不景气，干得比以前反而更卖力了。

正因为如此，愈发加重了董事长心头的负担，因为马上要过圣诞节了，照往年惯例，年终奖金不低于三个月的工资，而且有逐年增加的趋势。

今年算来算去，顶多只能给一个月的工资作为奖金。

“这样的结果能让员工接受吗，士气会不会受影响?”董事长忧心地对总经理说：“许多员工都以为最少也有两个月的工资奖金，恐怕飞机票、新家具都定好了，只等拿到奖金就出去度假或付账单呢! 这要是让员工知道就这么一点儿，这后果……”

总经理也很为难，说：“这就像给孩子糖吃，每次都抓一大把，现在突然改成两颗，小孩一定会不高兴的。趁着员工还不知道结果的时候，要马上制定好一个妥当的对策。”

听到总经理说糖，董事长灵光一现，对总经理说：“你倒使我想起小时候到店里买糖的情景，总喜欢找同一个店员，因为别的店员都先抓一大把拿去称，再一颗一颗地往回扣，而我喜欢的那个店员则每次都抓的不多，然后一颗一颗地往上加。实际上最后拿到的糖没什么差异，但我就是喜欢后者。其实，人心大同小异，对待事情的感觉不会差到哪里去。”

没过两天，公司突然传来小道消息——

“由于公司经营遭遇困难，年底要裁员，上层正在确定具体实施方案。”

顿时人心惶惶。每个人都在猜，会不会是自己。最基层的员工在想：“裁员也是从基层抓起。”大家都不禁为自己担忧，上面的主管则想：“我是领导，即使裁员也到不了我们头上，但降薪恐怕是难免了。”

但是，没几天，总经理就宣布：“公司的日子虽然不好过，但大家能够发扬同甘共苦的团队精神，再困难，也不愿辞退共患难的同事，只是年终奖金可能要泡汤了。”

听说不裁员了，压在心头上的大石头终于落地的窃喜，早胜过了没有年终奖金的失落。

虽然圣诞节一天天临近，但每个人都不再想年终奖的事了，然而一天，董事长突然召集各部门主管紧急开会。

主管们都忐忑不安，员工们也悄悄议论：“难道又变卦了?”

是变卦了。

没几分钟，主管们就各自回到了自己的部门，兴奋地宣布：“经研究决定，公司把家底掏出来给大家多发一个月的工资作为年终奖金，让大家过个愉快的圣诞节！”

顿时，整个大楼里都爆发出一片欢呼，连坐在顶楼的董事长，都感觉到了地板的震动……

阅后警言

当遇到难题的时候，一不要逃避，二不要坐以待毙，方法总比困难多，不要一门心思考虑该怎么正面解决，当常规方法解决不了的时候，可利用已有的经验或借鉴一下其他的处理方式。总之，只要我们善于联想，问题总会能解决的。

机遇总是青睐有知识的人

哈佛故事

哈佛大学建筑学院记载了这样一位瑞典建筑师的故事。这位建筑师出生在一个极其贫困的家庭，父母连他和几个弟弟妹妹的温饱都保证不了，更别提上学受教育了。少年时他虽没有上学的机会，但是他很有志向，一有多余的时间就自学，再大一些还学习了许多关于建筑和化工方面的知识。他决心要用自己的知识改变命运。

后来，他进入建筑公司做起了助理。他积极努力地工作，因为表现出色，经常协助一些著名的建筑师。在这段时间里，他又累积了许多宝贵的经验和知识，再加上他的天分，使他逐渐在建筑界小有名气，为许多人所肯定。但是，由于他没有较高的学历和好的出身，尽管他已经能独立完成一些很精美的建筑设计，但却无法得到上流社会的认可，不能成为有名望的建筑师。由于愿望无法实现，他很苦闷。

有一天，他在街上远远地见到一群侍卫簇拥着国王查理四世巡视，他情不自禁地想："如果我能得到国王的肯定就好了。"

查理四世原来是个法国人，曾是拿破仑身边的元帅，由于他的卓越才能为老瑞典国王所赏识，因此在临终之前收他为义子，要他统治瑞典。

查理四世不负老国王的厚望，将瑞典治理得井井有条。

但是，要怎么样才能引起国王的注意呢？年轻人动起了脑筋。

"如果我能建造一个很特殊的建筑物来吸引国王，那就有希望了！"他的眼睛一亮："对呀！国王原来是法国人，如果我在瑞典建造一座类似法国凯旋门的建筑物，一定能引起他的注意。"

有了这个想法，于是他四处奔走，争取到几位过去有生意往来的企业家的支持，不久之后就在一座瑞典小城内建造了一座具有法国凯旋门神韵的建筑物。一天，国王经过小城，看到这个建筑物时，惊讶得说不出话来：睹物思情，缅怀过往，引发了他许多的感慨。

事后，国王特别召见它的设计者，夸赞他的建筑技术。

受到国王赞赏的他，一时之间声名大噪，各种媒体争相报导有关他和他的建筑作品，他被建筑界盛赞为天才。从此，他不但取得了上流社会的认可，更一跃成为瑞典建筑界的大师，身价百倍。

阅后警言

应该说，在我们生活的这个社会里，行行都需要知识。知识是一个很笼统的概念，它笼统到：要掌握知识才能掌握知识的程度，就像上面故事中的建筑师如何才能设计出建筑蓝图来一样，需要专业的学识，而你想让自己的学识得到认可，还要借助于其他的学识。说到此，我们就一定得出知识无处不在、无处不需要知识的结论。

开卷有益

哈佛故事

第一次世界大战进入最后一年，在那年年初，第六十师奉阿仑比将军的命令进攻杰里阔，目的是把土耳其人逐出约旦。而要完成这一目标，他们必须先夺取一个叫做密抹的小村子。这个小村子位于进攻路线上一座很高的石头山上。六十师计划动用一个旅的兵力来猛攻这座小山，企图利用强攻夺下易守难攻的密抹村。

当在报告中提起密抹这个名字的时候，一个少校觉得这个名字很熟悉，最后他想起来了，这个名字他在《圣经》上看过。这位少校回到他的帐篷，在烛光下翻阅《圣经》寻找有关密抹的信息。他在《撒母耳记》上第 13 章和第 14 章里找到了密抹这个名字。

这一段是这样写的：

“扫罗和他的儿子约拿单，以及跟随他们的人都住在便雅悯的迦巴，但非利士人在密抹安营……

“有一日，扫罗的儿子约拿单对拿兵器的少年说：‘我们不如过那边到非利士人的防营里去。’但他没有告诉父亲……约拿单去了，百姓却不知道。

“约拿单要从隘口过到非利士防营那里去。这隘口两边各有一个峻峭的山峰，一名播薛，一名西尼。

“一峰向北与密抹相对，一峰向南与迦巴相对。

“约拿单对拿兵器的少年说：‘我们不如过这防营……或者耶和华能为我们施展能力，因为耶和华使人得胜不在乎人多人少。’”

这是一份非常珍贵的关于如何逼近密抹的战斗情报。这个少校从约拿单怎样从隘口往上爬，一直读到他和替他持兵器的人都爬到了一个很高的地方。睡梦中的非利士人醒来了，他们以为已陷入扫罗军队的包围，便在混乱中奔逃。

接着，这位少校叫醒了他的旅长，并把《圣经》中这一章拿给他看。他说："这条小路，这些石头隘口和一片平地或许依然存在，为什么我们不去试着像约拿单那样干一下子呢？"他的旅长表示同意。侦察队被派出去重新调查这个古老的地方。他们发现月光之下的那条小路和密抹顶上的一小片高地仍如《圣经》上所形容的那样。这位旅长说："经过了多少世纪，巴勒斯坦竟完全没有变动。"

他们立刻改变了先前的攻击计划。旅长只派了一连人，代替一整旅的兵力。一路上，他们顺利地消灭了为数不多的几个土军哨兵，这一连人在天亮之前就到达了《圣经》上所指的高地。土耳其人从梦中惊醒，就像从前的非利士人那样，以为陷入包围，开始四散逃跑。

借助《圣经》上的知识轻而易举地取得了胜利。扫罗和约拿单所经历的战斗在几千年后又一次被再现。

这是发生在第一次世界大战期间的一个真实故事，它体现的是知识在夺取胜利中的巨大作用。

阅后警言

无论何时，多掌握一些知识总是有用的，更多的时候，知识是帮助我们诠解社会、生活和工作疑难的最有用的钥匙，是迷途中的指南。掌握了丰富知识的人，比没有知识的人在同样的生活环境中更游刃有余。知识有时还是我们的先生和伙伴儿，能帮助我们答疑解惑，能为我们战胜困难增加力量。

提高效率最有效的方法就是利用知识

哈佛故事

有一个年轻的伐木工人到森林去砍树，他看到身边的伐木工人年龄都比他大很多，于是他非常努力地工作。别人休息的时候，他还在砍树，一直干到天黑，才肯罢休。他想，自己年轻有力气，肯定比别人干更多的活。可是半个月过去了，他竟然没有一次能够赢过那些老前辈：明明他们都在休息，为什么还会输给他们呢？

年轻人百思不解，以为自己不够努力，决心第二天要更加卖力。结果，第二天的成绩反而比前一天还差！

一天，大家都休息了，可他还是在不停地砍，这时，有一个老前辈拉着让他也休息一下。年轻人心想："成绩那么差！哪来的时间休息啊？"便大声回答："我没有时间，谢谢！"

老前辈笑着摇头说："傻小子！休息一下，歇歇气，趁机磨一下你的斧子，是不会耽误你砍树的。"

原来，老伐木工人是边休息边磨刀，难怪他们能很快就把树砍倒。

老前辈拍拍年轻人的肩膀说道："年轻人要努力，但是要知道，光用蛮力是不能多出活的。这时候，年轻人才似有所悟。

阅后警言

生活工作中处处有学问，现代伐木工们很少用斧头和手工锯了，但是无论现在使用的电锯有多先进，也都是经斧头、手工锯经过科学技术改进而来的，也都离不开知识的运用。当然，伐木如此，干其他工作也是如此。

善于借鉴与联想

哈佛故事

如果到纽奥良的码头参观，你会看到一艘艘有十几层楼高的巨大无比的货船连成串被一艘不过30英尺长的小拖船拉着走的奇异场面。小拖船之所以具有这种不可思议的力量，秘诀在哪里？小拖船的船长知道，如果慢慢地一点一点拖动它，就能让那些庞然大物乖乖听话。但如果你想以蛮力强迫一艘运油船改变方向，那是不可能的事，即使你加足马力或撞击它也没办法做到让它移动。但如果这么一点一点来，然后在某一时机做适当的动作，就能出现不可思议的效果。

这对我们的生活有什么启示呢？比如，你正要与人谈一笔大买卖，如果你一点一点地来争取，你就能到最后将对方完全说服。你可以扭转最顽固的买方，让他改变心意下订单给你。只要你持续不断地努力。

罗杰·道森曾使用“拖船成交策略”成功地向银行贷到25万美元的贷款。以前，很长一段时间里，他和一个投资商共同拥有33栋房子，后来他想将这些房产权全部买过来。要办成这件事，他们必须找到一家银行在对房子只有第二顺位的债权下，愿意提供他们25万美元的贷款。

一开始，银行拒绝这么高风险的放款。罗杰·道森便寻找机会和他们刚上任的副总经理谈判此事。后来他发现只要和副总经理洽谈的时间够久，后者就能在某些小环节上放宽一些。

经过一小时的洽谈，副总经理同意只要他们存了10万美元的定存当担保，他便同意放款25万美元。但道森并未因此作罢。他不断地重申自己的立场，持续地与他进行详谈。就这样，又经过一个小时的缠斗后，对方同意只以房子作为担保品而放款。

阅后警言

小拖船牵动大货轮是再常见不过的事情，但是能认识和借鉴这一原理的人并不多，而这里的可贵之处就是，借鉴与利用那些有目共睹、耳熟能详的故事展开联想。有人说，知识并不是真正的力量，但可以肯定的是：当你把掌握的相关知识利用到解决实际问题上，它就是真真切切的力量。

知识多了总会用得着

哈佛故事

在一个星期日的晚上，大老鼠带着几只小老鼠出外觅食。凭习惯，每逢休息日，每家都会吃一些好食物，而剩下的也会不少。在一家人的厨房，它们果然发现了大量的富含营养的剩饭菜，这对老鼠来说是上好的美食。

正当一大群老鼠在厨房里大吃的时候，突然传来了一阵令它们心惊胆战的声音，那是一只大花猫的叫声。它们震惊之余，各自四处逃命。但大花猫毫不留情，穷追不舍，终于有两只小老鼠被大花猫捉到。正在这危急时刻，突然传来一连串凶恶的犬吠声，这时，大花猫也慌了神，以为狗是冲着它来的，也急忙逃命去了。

大花猫跑后，大老鼠从垃圾桶后面走出来说：“我早就对你们说，多学一门外语有利无害，这次不就救了你们一命吗？”

阅后警言

上面讲的虽说是一个寓言故事，但哲理深刻，知识的掌握主要是靠平日里积累，不应该只学眼下用得着的，而暂时

用不上的也要根据现实的变化，依据自己的能力和现状多多积累。俗话说，“书到用时方恨少”，意思是说，你有时认为知识多了无用，那是因为你没有遇上事情，等遇到事情了，你才感到自己掌握的知识太少了，但此时意识到也晚了。

知识与好点子的关系密切

哈佛故事

麦当劳快餐店创始人雷·克罗克，是美国最有影响的十大企业家之一。克罗克不仅善于经营企业，而且他也是一个勤于思考，喜好积累一切有助于经营管理知识的人。他不喜欢整天坐在办公室里发号施令，而是大部分工作时间都用在“走动管理”上，即到各分公司和部门收集问题及解决办法。

麦当劳公司曾有一段时间面临严重亏损，克罗克通过调研统计、归纳等方法得出问题出现的主要症结在于公司各职能部门的经理有严重的官僚主义，习惯躺在舒适的高背椅上指手画脚，把许多宝贵时间耗费在抽烟和闲聊上。于是克罗克想出一个“奇招”，将所有经理的高背椅子全部换成没有靠背的。

开始经理们都暗地里骂克罗克是疯子，但不久就体会到了他的用意。他们纷纷走出办公室，深入基层，开展“走动管理”，及时了解情况，现场解决问题，终于使公司扭亏为盈。

阅后警言

麦当劳推行的“走动管理”，就是走出办公室，深入基层，及时了解情况，现场解决问题。其实这是一种新的管理方法的运用，它的效果已被实践所证明。

能解决问题的知识才具有真正的意义

哈佛故事

人们对于汽车大王亨利·福特存在一些误解，认为他受的“学校教育”很少，所以说他是一个有钱但算不上是一个有“教养”的人。

第一次世界大战期间，芝加哥一家报纸出版的一篇社论中甚至说亨利·福特是“一个无知的和平主义者”。福特先生不满这种指责，向法院控告这家报纸诽谤他的名誉。当法院审理这个案子时，这家报纸的律师要求福特先生坐上证人席，以便向陪审团证明福特先生确实无知，而不是诽谤。这位律师问了福特先生很多问题，企图证明：福特先生虽然拥有许多关于汽车制造的专业知识，但总的来说，他却是一个很无知的人。

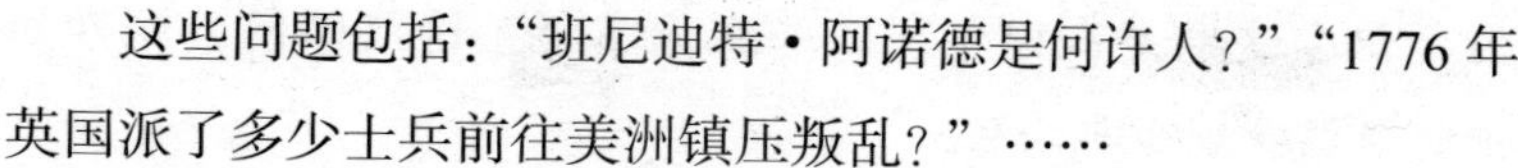

这些问题包括：“班尼迪特·阿诺德是何许人？”“1776年英国派了多少士兵前往美洲镇压叛乱？”……

对后面的问题，福特先生回答说：“我不知道英国究竟派了多少士兵，但我听说，派出去的士兵比后来活着回国的士兵多很多。”

福特先生对这种问题很厌烦，在回答一个特别具有攻击性的问题时，他向前倾身，用手指着向他提问题的律师说：“如果我真的想回答你刚刚提出的这个愚蠢的问题，或其他问题，让我提醒你，在我办公桌上有一排按钮，只要我按一下，我马上就会得到答案。而且，我还明确地告诉你，我还可以通过我的专家智囊团得到你都不知道的问题的答案，请问，我有这样的资源可以利用，我为什么还要去关心我不需要关心的知识？”

这个回答是合乎逻辑的，这个答案也使律师哑口无言。法庭上的每一个人都明白，这是一个拥有极高教养的人才能做出的回答，而不是一个无知者所能做出的。任何人只要知道他在需要某种知识时，可以从何处取得这种知识，以及知道如何把知识组织成明确的行动计划，那么他就可以算是一个有教养的人。

亨利·福特在他的智囊团的协助下，掌握了他所需要的全部知识，从而使他成为美国最富有的人物之一。

阅后警言

学最实用、最有助于发挥你的特长、最利于发展你的事业的知识，这也是一门学问。一旦你掌握了这门学问，积累知识就能够做到事半功倍。

做所有事情都不能随意而为

哈佛故事

人们一旦做了某种选择，轻易不会改变，它会因惯性的力量让这一选择不断自我强化，这种现象被称为“路径依赖”。但是，我们也必须了解，一个人所做出的某种选择也绝不是肆意而为的。

对此，有一个极滑稽又颇具道理的例证：现代铁路两条铁轨之间的标准距离是 1.4351 米，为什么采用这个标准呢?

原来，早期的铁路是由发明电车的人设计的，因而采用电车所用的轮距尺寸。

那么，电车的这个轮距尺寸又是缘何而来的呢?

据考证，最先造电车的人以前是造马车的，所以电车的轮距标准是沿用马车的轮距标准而定的。

这样追寻下去，自然就要知道马车又为什么要用这个轮距标准呢?

这是因为英国马路辙迹的宽度是 1.4351 米，如果马车用其他轮距，它的轮子很快会在英国的老路上撞坏。

这些辙迹又是从何而来的呢？

答案是：从古罗马人那里来的。因为整个欧洲，包括英国的长途老路都是由罗马人为他的军队所铺设的，而1.4351米正是罗马战车的宽度。

其他任何轮宽的战车在这些路上行驶，轮子的寿命都不会很长。

可以再问，罗马人为什么以1.4351米为战车的轮距宽度呢？

答案很简单，这是牵引一辆战车的两匹马的屁股的宽度。

阅后警言

我们做任何事情，都应该有勇于创新的精神，同时还要有借鉴和传承的意识，只有这样，才会保证我们在创新时少走弯路。

最困难的事情就是认识自己

哈佛故事

在纽约证券交易所工作的亚当斯先生有着让人羡慕的生活——高薪、温柔美丽的妻子和一个活泼可爱的孩子。

可这段时间，他非但没有感受到令人羡慕的幸福，而且还陷入了一种恐慌中。原因是，他近来总感觉心跳有些过快，呼吸急促，喉咙像被东西卡住了一样。他去医院做了检查，医生经过诊断得出的结论是，由于工作压力导致他的精神有些紧张，建议他放下工作，休息一段时间。

于是，亚当斯向上司请了一个月的长假，带上妻儿去了夏威夷。阳光、沙滩、冲浪、漂流让亚当斯暂时远离了都市的喧嚣，可兴奋过后他对病症的恐惧仍然没有消除。

度假归来后，他又去医院做了更进一步的检查。尽管检查结果依然是一切正常，但之后的一周里，亚当斯却感觉心脏跳得比以前更快了，呼吸也愈发困难，喉咙里像堵着什么东西，吐又吐不出来，咽又咽不下去。他确信自己肯定是得了绝症，医生和家人只是为了安慰他才不愿意告诉他真相。于是，他暗中为自己买了一块墓地，甚至写好了遗嘱。

看到他每天痛苦的样子，妻子为他联系好了著名的约翰·霍普金斯医院请知名专家为他汇诊。专家对他进行了全面的检查后，对他说："亚当斯先生，您的病源于吸入了过量的氧气。"

"那这种病能彻底根治吗？"亚当斯问道。

专家说："不但能根治，而且治疗很简单，当你再感觉到不适的时候，就憋一口气，或者用这样的纸袋子罩住口鼻再呼吸。"

专家说完递给亚当斯一个纸口袋，他接过来，试着用它呼吸了几下，果然感觉喉咙畅快多了，心跳也逐渐平缓了下来，他高兴地和妻子离开了医院。

之后的日子里，每当身体不适，亚当斯就用医生说的方法屏住呼吸，这样很快就一切都恢复了正常。

几个月过去了，以前感觉到的一切不适全都消失了，而且，再也没有犯过。

阅后警言

在现实生活中，人的情绪经常会受到外界环境和自身阅历感受的影响，而出现对某些问题的担心，这种担心还会随着自身的想象而不断加强，最后导致忧虑的发生。而实际上，当局者的这种担心在旁观者看来是根本不可能发生的，或根本没有必要为此而担心，而当局者本人却认为它一定要发生，甚至已经发生了。这是一种人性的弱点，每个人身上都可能发生，其实质是人的一种不自信。

最靠得住的资本

哈佛故事

据说所有的犹太人在小的时候都会受到负责启蒙教育的母亲这样的发问："假如有一天我们的家被火烧光了，或者是我们家的财产被强盗抢光了，还要追杀我们，这时我们将带着什么东西逃命？"自然大多数孩子会想到钱和家里最值钱的东

西，可这些显然不是他们的母亲想要的答案。她们还会进一步向孩子们考问：“有一种没有形状，没有颜色，没有气味的宝贝，你知道是什么吗？”要是孩子们回答不出来，母亲们就会清楚地告诉他们：“世界上最宝贵的东西是智慧，只要我们有生命在，即使失去了财物，我们也会重新赚回来，你只要活着，智慧就永远跟着你。”

在聪颖、精明的犹太人眼里，任何东西都能失而复得，它们算不上宝贝，只有智慧才是揣在自己身上的无价之宝，有了它，才能再去拥有其他的东西。当然，犹太人也不是一降生就拥有智慧的，但是他们懂得怎样去铸造智慧这枚金币。当他们的孩子才懂事时，母亲们就会将蜂蜜滴在书本上，让孩子去舔书上的蜂蜜，其用意是告诉孩子：书本是甜的。他们更懂得知识的重要，让孩子从小便在知识的海洋里铸造出这枚智慧的金币，让其终生受用。

事实也确实如此，一个人拥有智慧，就可以在困境里用它架起一座通向光明彼岸的桥梁，可以用它筑起走向成功殿堂的石阶，可以用它排除你的许多困惑和麻烦，为你带来成功。

阅后警言

当一个人有了自立的能力后，应该把什么作为自己一生可以依靠的资本来加以充实？金钱？不是！是知识。有人把设备称之为创造机器的机器，那么，知识就是创造财富的财富。

活着不能只为生存

哈佛故事

从前，有个靠流浪乞讨为生的人，刚到中年就被医生诊断出患了绝症。临终前，他把年仅 16 岁的独子找来，叮咛道：“你要好好读书，不要像我没一点本事，靠别人的施舍来过活，但你要记住把‘少壮不努力，老大徒伤悲’这句话传下去。”

说完，他咽下了最后一口气。他还未成年的儿子对他的临终遗言也只是懵懵懂懂。

他的儿子长大后，还像他父亲一样仍然靠乞讨为生。一次，他的儿子嫌别人施舍太少与之发生冲突，因出手过重而闹出人命，被捕坐牢。出狱后，他的儿子知道再走老路已无出路，但是却无一技之长，没有人愿意雇佣他，他只好回到乡下，靠做一些杂工维生。

由于他的儿子在年轻时无法体会父亲交代的遗言，终身大事也耽误了，年近半百才成婚。等他到能体会父亲临终前交代的遗言时为时已晚，面对着无法支撑的家，心里有着无限的忏悔和悲伤。

有个夜晚，他喝了点酒，带着酒意，也把他自己惟一的未成年的儿子叫到跟前。他先是一愣，这不就是当年的自己吗？他的父亲临终前交代遗言的景象在脑海中显现，有些自责地喃喃自语：

“我怎么没把那句话听进去啊。”

说着，独自悲伤起来，儿子站在面前，以为他喝醉了，让他早点休息。

他对儿子说：“我没有醉，我要把你爷爷交代给我的话告诉你，你要牢牢记住。”

“什么话这么重要呀！”儿子问。

“当年你爷爷临终时告诉我‘少壮不努力，老大徒伤悲’，我没听进去，也没听懂。结果我费尽一生才体会出这一句话的道理，但为时已晚。你一定要认真对待这句话，希望你好好做人，将来儿孙都能成才，不必再把这句话当成遗言交代了。”

阅后警言

人与其他生物的重要区别之一是，人的生活需要一定的质量保证，人的生活不仅仅是吃饱不饿就行，需要有交际、娱乐，特别要有创造财富以保证自己生存无虞的要求和能力，而所有这一些都是以自身要具备一些技能为前提的，否则，人就可能沦为一般的生物。

知识就是财富

哈佛故事

有一位商人模样的人走进一家银行的贷款部。

“请问先生要办理什么业务？”贷款部经理一边问一边打量着来人，来人的装束很华贵且戴的是昂贵的劳力士手表，手指上还套着价值不菲的钻戒。

来人答道：“我想借些钱。”

经理问：“借多少？”

“1美元。”

“1美元？”

“是，可以吗？”

“当然可以，只要有担保，再少点也无妨。”

两人一问一答，最后借款协议达成。来人借了1美元，然后从他的皮包里取出一堆股票、国债等总共50万美元的担保放在经理的写字台上。

面对价值50万美元的担保，经理问来人：“你真的只要借1美元吗？”

“是的。”说着，商人接过了1美元。

“年息为6%。只要您付出6%的利息，一年后归还，我们就可以把这些股票还给你。”

“谢谢。”商人说完，准备离开银行。

一直在旁边冷眼观看的一个职员，怎么也弄不明白拥有50万美元的人会来银行借1美元这种事情。他于是上前问商人说：“我实在弄不明白，您拥有50万美元，为什么只借1美元呢？要是你想借三四十万美元的话，我们也会很乐意的……”

“请不必为我操心。只是我来贵行之前，问过了几家金库，他们保险箱的租金都很昂贵，所以嘛，我就准备在贵行寄存这些股票。这儿的租金实在太便宜了，一年只需花6美分。”

阅后警言

所谓的知识，就是人们对客观世界的了解和掌握，只要人们掌握了某一行业和领域的知识，他就会比不具备这些知识的人能更有利和更轻松地驾驭其所从事的工作，以及利用环境为自己服务，说知识是成功的基础，缘由在此。

毕业后，学习才真正开始

哈佛故事

美国东部的一所大学正在进行应届毕业考试。

有一群机械系应届毕业生挤在一起，正在猜想最后考题的难度，但他们的脸上写满了自信，过了这一关，就是毕业典礼和找工作了。

有几个说他们已经找到工作了，其他的人则在讨论他们想得到的工作。怀着对4年大学教育的肯定，他们认为自己在心理上已早有准备，能征服外面的世界。

即将进行的考试，他们知道很容易。因为考前教授曾暗示说他们可以带需要的教科书、参考书和笔记，只要求考试时他们不能交头接耳。

当他们拿到考卷的时候，心里更有底了，因为他们注意到只有5个论述题。

3个小时过去了，考试时间到了。学生们似乎不再有信心，他们绝大多人的脸上开始出现了忧虑的表情。没有一个人说话，教授手里拿着考卷，面对着全班同学。教授端详着学生们担忧的脸，问道："有多少同学把5个问题全答完了？"

没有人举手。

"有多少同学答完了4个？"

仍旧没有人举手。

"3个？ 2个？"

这时，学生们在座位上不安起来。

"那么1个呢？一定有人做完了1个吧？"

全班学生仍保持沉默。

教授放下手中的考卷说："这正是我预期的。这最后的考试内容我只是要加深你们的印象，即使你们已完成了全部的学业，但仍旧有许多有关工程的问题你们不知道。这些你们不能回答的问题，在实际工作中是经常遇到的。”

接着，负责最后考核的教授严肃地说：“这最后的答题，尽管你们都没答上，但这不表明你们没有学问，它表明你们掌握了课堂所学的知识，但是你们仍然有许多学校外的知识要掌握，这也是将来你们从事实际工作不可或缺的。”

阅后警言

我们当下所知道和掌握的知识对于我们要完成的一项伟大事业或工程来说，它仍然是不够的，因为我们所学知识的专业性、适应性有限，而社会生活是丰富多彩的，成功的人生是以丰富的知识为基础的。

合理的才是符合逻辑的

哈佛故事

了解事物就要把事物当作一个系统来分析，要做到全面、细致，否则就会犯片面性的错误，看不到事物的本质。

乔治和彼得是很要好的文化商人，一次他们一同外出旅行。到达目的地后，彼得在酒店里看书，乔治则到街上闲逛。

在一条街道上，乔治看见一个旧货商店就想进去转转。他一进去就被一只玩具猫吸引了，乔治随手拿起玩具猫，发现猫身很重，看样子是一个黑铁铸件，然而，就在他准备把玩具猫放回去的时候，他发现那一对猫眼竟然是两颗珍珠！

他为自己的发现欣喜若狂，赶紧问老板这只玩具猫的价钱。老板说，这是一件寄卖品，30 美元便可以成交。

乔治想了想问："那么我出 10 美元买走这两只猫眼可以吗？"老板合计了一下说："如果你买走猫眼，猫身就没人要了。如果你肯出 20 美元的话，我还可以考虑。"乔治心想，就是 200 美元也赚大了，于是，爽快地买下了这对猫眼。

乔治回到旅店，兴奋地对彼得说："我仅仅花了 20 美元就买下了两颗珍珠，真是意外收获！"

彼得仔细看过猫眼的确是罕见的大珍珠，便询问了事情的经过。听完乔治的讲述，彼得立即跑着去了那家商店，要买那只玩具猫。老板说："猫眼已经被别人买去了，如果你要买，就给 10 美元吧。"

彼得二话没说花了 10 美元将猫身买了回来。乔治听说后大惑不解："你为什么花 10 美元去买一块废铁呀？"彼得并不说话，他向服务员借来一把小刀，先刮开"铁猫"的一只脚。黑漆脱落之后，居然露出亮灿灿的黄色。他兴奋地大喊："果然不出所料，这个玩具猫身是纯金铸成的！"

看到彼得赚到的这个更大的便宜，乔治后悔不已，他问彼得是如何知道这个秘密的。彼得笑道："你虽然能发现猫眼是珍珠的，但你没有想到，既然猫眼是由珍珠做成，那么猫身会是普通黑铁吗？世界上哪里有这样的搭配？"

对此，乔治折服于彼得的见识。

阅后警言

事物间是充满逻辑联系的，顺着事物本身的逻辑属性，我们可以很顺利地了解和掌握它。所以，当我们遇到一件事情的时候，不妨从逻辑分析开始，找到快速解读它的途径。

三　人生重在发现

Chapter 3

有意义的人生绝不是浑浑噩噩的，也不会在享受前人创造的财富中度过。最有意义的人生，应该是为实现自己的理想而奋斗，为了履行应尽的社会责任而尽职尽责。但是，应该说，无论是个人理想的实现还是公共义务的履行，必须体现时代精神和开拓性才更有现实意义，而要做到这一点，就要求我们要具有善于发现的眼光，发现新事物、发现解决问题的新方法、发现英才、发现新路子……

价值取决于态度

哈佛故事

有一个生长在孤儿院中的小男孩，随着年纪的增长，也逐渐看出了自己与外面生活的孩子的不同。一天，他问院长："像我这样没人要的孩子，活着究竟有什么意义呢？"

对于他的这个问题，院长只是沉思了一下却没有作答。

有一天，院长交给这个男孩一块石头，告诉他："明天早上，你拿这块石头到市场上去卖，但不是'真卖'，记住，无论别人出多少钱，绝对不能卖。"

第二天，男孩按照院长的吩咐拿着石头蹲在市场的角落，他发现有不少人对他的石头感兴趣，最后，竟有人提出要买这块石头，而且价钱愈出愈高。但男孩用手紧捂着石头却不卖，当有人非要求他卖的时候，男孩索性拿起石头回到了孤儿院并兴奋地向院长介绍刚才发生的事，院长笑笑，要他明天拿着这块石头到黄金市场去卖。在黄金市场上，有人出比昨天高 10 倍的价钱来买这块石头。

最后，院长又叫孩子把石头拿到宝石市场上去展示，结果，石头的身价又涨了 10 倍，甚至由于男孩怎么都不卖，竟被传扬为"稀世珍宝"。

男孩兴冲冲地捧着石头回到孤儿院，他把这一切告诉了院长，并问为什么会这样。

院长回答说：“生命的价值就像这块石头一样，面对不同的环境就会有不同的意义。一块普通的石头，由于对它倾注了注意力，并因你的珍惜而提升了它的价值，最后竟被传为稀世珍宝。你问你活得有什么意义，你不就像这块石头一样？只要自己看重自己，自我珍惜，就有意义，所有的人都一样。”

阅后警言

古董，有些价值连城，有些一文不值，这是为什么？对于收藏家和古董鉴定专家来说，都有一定的标准和依据，但就其实质来讲，它的价值最终取决于人的态度，对一个不懂古董也对其不感兴趣的人来说：一件古罗马艺术品并不及一杯牛奶更有吸引力。

成功最快捷的路径是有新发现

哈佛故事

美国早期的富豪们多半靠的是机遇，而唯有约翰·洛克菲勒是个例外。他靠的既不全是才智，也不完全是机遇，而是靠的冷静和发现，他凭借自己的异常冷静、精明，富有远见，尤其是善于发现、积极思考的习惯，白手起家，一步一步地建立起他那庞大的石油帝国。

洛克菲勒最初在石油公司工作时，既无学历，又无技术，于是，他被分配去检查石油罐盖有没有自动焊接好。这是整个公司最简单、最没有技术含量，且又枯燥的工序。每天他只需看着焊接剂自动滴下，沿着罐盖转一圈，再看着焊接好的罐盖被传送带移走不出现问题就行。半个月后，他实在忍受不了这种枯燥无味的工作，便找到主管请求改换其他工种，被拒绝之后，他只好重新回到焊接机旁。他想，既然无法换到更好的工作，那就先安心把目前的工作做好再说。

静下心来后，洛克菲勒开始认真观察罐盖的焊接质量，并仔细研究焊接剂的滴速与滴量。通过观察，他有了一个重要发现：当时每焊接好一个罐盖，焊接剂要滴落 39 滴。洛克菲勒并不满足于这个答案，他觉得实际运用与理论数据可能会有所出入，经过周密计算，他发现，实际只要 38 滴焊接剂就可以将罐盖完全焊接好。他决心用事实来检测自己的计算结果，于是，他开始测试、试验，经过反复试验后，洛克菲勒研制出“38 滴型”焊接机。用这种焊接机，每只罐盖比原先节约了一滴焊接剂。但仅这一滴焊接剂，一年下来就能够为公司节约几百万美元的开支。

在成功的鼓舞下，年轻的洛克菲勒凭着他积累的知识不断地在技术、生产和经营、合作等各环节加以改进，直至成为石油大王。

阅后警言

善于发现是走向成功的最快捷路径。比如，一项科技发明，可能要耗尽你毕生的心血，但你能发现“新大陆”、“方便面”、“纯净水”和连锁超市，那么，你可能用更多的时间来数钱，而不是在做研究。

有疑问的事情一定有秘密

哈佛故事

综观千百年来的科学技术发展史，那些定理、定律，学说的发现者、创立者，差不多都很善于从细小但存在着疑问的自然现象中看出问题，追根求源，最后找出答案。

就拿洗澡来说，这是一件再普通不过的事情。洗完澡，把浴缸的塞子一拔，水“哗哗”地流走……然而，麻省理工学院机械工程系的主任谢皮罗教授却敏锐地注意到：每次放掉洗澡水时，水的漩涡总是向左旋，也就是逆时针旋！

这是为什么呢？谢皮罗对这个发现做了深入的研究。他制作了一个碟型容器，当里面灌满水时，每次拔掉碟底的塞子，碟里的水也总是形成逆时针旋转的漩涡。这证明放洗澡水时漩涡朝左并非偶然，而是一种有规律的现象。

1962年，谢皮罗发表了论文，认为这漩涡与地球自转有关。如果地球停止自转的话，拔掉澡盆的塞子，水就不会产生漩涡。由于地球不停地自西向东旋转，而美国处于北半球，洗澡水便朝逆时针方向旋转。

谢皮罗认为，北半球的台风都是逆时针方向旋转，其道理与洗澡水的漩涡是一样的。他断言，如果在南半球则恰好相反，洗澡水将按顺时针形成漩涡；在赤道，则不会形成漩涡！

谢皮罗的论文发表之后，引起各国科学家的关注。他们纷纷在南北半球进行实验，结果证明谢皮罗的论断是正确的。

谢皮罗教授从洗澡水的漩涡联想到地球的自转、台风的方向等问题，并做出了合乎逻辑的推理。

无独有偶。在20世纪40年代，有一位名叫密卡尔逊的生物学家，调查了蚯蚓在地球上的分布情况。他指出，美国东海岸有一种蚯蚓，而欧洲西海岸同纬度地区也有这种蚯蚓，在美国西海岸却没有这种蚯蚓。密卡尔逊无法回答这是为什么。

密卡尔逊所提的问题，引起了德国地质学家魏格纳的注意。当时，魏格纳正在研究大陆和海洋的起源问题。他认为，那小小的蚯蚓，活动能力很有限，无法跨渡大洋，它的这种分布正说明了欧洲大陆与美洲大陆本来是连在一起的，后来裂开了，分为两个洲。他把蚯蚓的地理分布作为例证之一，写进了他的名著《大陆和海洋的起源》一书。

就这样，魏格纳从蚯蚓的分布，推论出了地球上大陆和

海洋的形成。

阅后警言

凡是有疑问的事情，它的背后一定有故事，许多人感叹自己的命运不好，为什么没有科学家们那样的好命运，“新大陆”为什么不是被我发现的呢？其实科学的真理往往就在我们身边，需要那些有准备的头脑去发现、去把握、去揭示。对不解的事情，敢于怀疑，敢于探索，人人都可能成为不同凡响的人。

不拘权威敢于怀疑

哈佛故事

一位心理学教授，他在两所小学分别选出一个班级的学生出了同一套试题，以测试学生对所出问题的看法。试题是这样的：在一艘船上装有 86 头牛和 34 只羊，问这艘船的船长年纪有多大。

一所学校的学生的回答情况是，超过 90% 的同学没有答题，他们认为这道测试题根本没办法回答，甚至嘲笑老师也会出错。显而易见，这些学生的回答是对的。而另一所学校学生的答题情况是：有 80% 的同学是仅凭想象给出的答案，

86–34=52 岁。只有 10% 的同学认为此题非常荒谬，无法解答。做出正确回答的同学竟然只有 10%！

这位心理学教授很惊讶，两所学校的学生为什么会出现这么大的差别呢？他通过对答题错误的学生的调查后发现，他们之所以做出错误的答案，是因为他们坚定不移地认为："老师平时教育我们，只有对问题做出回答，才可能得分；不做的话，就连一分也得不到。老师出的题总是对的，总是有标准答案的，不可能没办法做，也不可能没有答案。"

这位教授在总结这两次实验的时候，引用了几位名人说的话：

怀疑就是方法。

在学术上不盲从大师，他应当重事不重人，真理应当是他的首要目标。

科学发现的过程是一个由好奇、疑虑开始的飞跃。

然后，他颇有感触地讲道："应当教育孩子敬重老师，但更要教育孩子敬重真理。怀疑并不是缺点，总是没完没了地怀疑才是缺点。只有敢于怀疑，才能减少盲从。有怀疑的地方才有真理，真理是怀疑的影子。"

阅后警言

在现实生活中，不论是在工作上，还是学习上，或者是将要对某些事物进行判断真伪的时候，如果我们发现凭借自己的知识和阅历来求解的时候，觉得我们遇到的问题违反常理，那我们就应该大胆地提出质疑，不必拘束于权威和常理，

必力求了解其本质；如果对我们不明了的东西，盲从于权威和前人下的结论，就探求不到真理，我们也就不会有大的提高。

行动受制于心理

哈佛故事

哈佛的一位心理学教授想让学生知道，一个人的心理作用对他的行为究竟有多大影响，他做了这样一个实验。

他安排了 10 个学生，让他们穿过一间黑暗的房子。这 10 个学生在他的引导下，都很自然地穿过了那间黑暗的房子。

然后，教授打开了房内的一盏灯。同学们在那昏黄灯光的照射下看清了房内的陈设后，个个都吓出了一身冷汗。原来这间房子的地面是一个大水池，而在水池里竟然有十几条让人看了毛骨悚然的大鳄鱼，他们穿过房间要经过一条只有一米宽的木板过道。

教授问道：“现在，你们谁还愿意再次走过这个通道，回到房间的那一头呢？”没有人回答。过了很久，有 3 个胆大的学生站了出来。

这 3 个学生中，有一个是提心吊胆地走了过去，但是速度显然比第一次慢了很多；另外一个则胆战心惊地踏上了木板通道，当他走到一半的时候，竟然趴在上面爬了过去；第三个谨

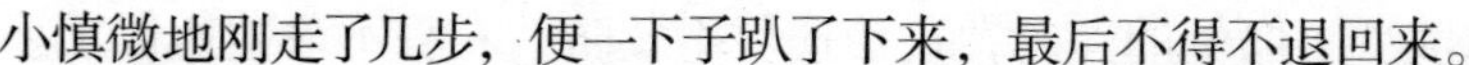

小慎微地刚走了几步，便一下子趴了下来，最后不得不退回来。

接着，教授又将房内的全部灯都打开了。这时，人们看到在过道的下方装着一张安全网，只不过由于网线的颜色极浅，过于惶恐的学生们才根本没有看到。

“现在，有谁还愿意穿过这个房间呢？”教授向其余的学生问道。这次有 5 个人站了出来。

“为什么你们不愿意呢？”教授向剩下的两个学生问道。

“这张安全网够牢固吗？”剩下的这两个学生向教授问了同一个问题。

阅后警言

人的心理状态对其行为影响巨大，也就是说：能力相同的人面对相似的环境做相同的事，心理素质好的人做事的成功率要远远大于心理素质不好的人。也可以说，心理素质不好的人有时候完不成他能力所及的事。

分清轻重

哈佛故事

在缅因州，有一位叫巴尼·罗伯格的个伐木工人。有一天，他一个人在山上伐树，由于一阵风吹来，让本来要倒的树改变了倾倒的方向，这使他促不及防，右腿不幸被压住了。

面对眼前的困境，他心里非常清楚：周围几十里没有人家，10 小时以内不会有人来救他，不久之后，他会因为流血过多而死亡。

他不能等待，必须自己救自己。他用尽全身力气抽腿，可这无疑是徒劳的白耗体力。他想找斧子在腿下刨个坑，抽出腿来，当他摸到斧子的时候才发现，腿恰巧被夹在树干和石板之间，于是，他开始砍树。在身体被压的情况下，要砍断一棵树也是妄想，而且，每砍一下都会让他巨痛一下。无奈之下，他发现了他的电锯，好在电锯离他不远，他拿到了，他打算用锯把压着腿的树干锯掉。可是，他发现树干是倾斜的，一旦拉动锯子，树干就会把锯条死死夹住。

此时，他知道，时间不允许他耗费无用功夫了，要想活命，只有把自己被压住的大腿锯掉！他当机立断，毅然锯断了自己的大腿，从而保住了自己的生命。

阅后警言

我们每天要做的事，有轻有重，如果一个人分不出轻重，做事就抓不住重点，做人也就马马虎虎。只有善于划分轻重，才能避免在做事中舍本求末，在人生的重要取舍中不后悔。

善于联想

哈佛故事

关于联想，哈佛的一位教授为他的学生们讲了一个有关日本的经营之神——松下幸之助的故事。松下有一个总经理叫西田千秋。

1956 年，松下电器与日本生产电器精品的大阪制造厂合资，建立了大阪电气精品公司，生产电风扇。松下幸之助委任松下电器公司的西田千秋为总经理，自己任顾问。

这家公司之前只做电风扇，后来开发了民用排风扇。但即便如此，产品还是显得很单一。因此，西田千秋准备开发新的产品改变产品单一的现状，于是，他试着探询松下的意见。松下对他说："你只做风的生意就可以了。"

松下的想法是想让松下电器的附属公司尽可能专业化，以期有所突破。可是当时的电风扇制造已经做得相当卓越，颇有余力开发新的领域。尽管如此，西田得到的仍是松下否定的回答。

然而，西田并未因松下这样的回答而就此打住，而是紧盯住松下问道："只要是与风有关的，任何事情都可以做吗？"

松下并未细想此话的真正意思，但西田所问与自己的指示很吻合，所以回答说："当然是这样。"

四五年之后，松下到这家工厂视察，看到厂里正在生产暖风机，便问西田："这是电风扇吗？"

西田说："不是。但它和风有关。电风扇是冷风，这个是暖风。您说过，要我们做风的生意。这难道不是吗？"此时，西田看到松下开始时有些生气的脸变得兴奋起来。

到此时，松下精工的产品越来越丰富了，除了电风扇、排风扇、暖风机、鼓风机之外，还有果园和茶圃的防霜用换气扇、培养香菇和家禽养殖用的调温换气扇……西田千秋只做风的生意，就为松下公司创造了一个又一个的辉煌成就。

阅后警言

善于联想的人，生活是多面性的。他似乎有用不完的幽默语言，在生活中，左右逢源，挥洒自如地处理、解决所遇到的问题。因此，在说话时，我们可以根据别人言行举止中的事理或一般的道理、规则，似乎合逻辑地推理出含有新意、具有幽默感的结果或命题。

亲眼看到的也不一定是真的

哈佛故事

世界著名的大科学家爱因斯坦少年时，并不是一个知道用功的人，如果说他也用功就是整日同一群调皮贪玩的孩子在一起玩耍，致使几门功课不及格。一个礼拜天的早晨，爱因斯坦拿着钓鱼竿准备和那群孩子一起去钓鱼，父亲拦住了他，心平气和地对他说："爱因斯坦，我们不阻挡你玩，但你现在一门心意地贪玩，功课都不及格了，我和你的母亲很为你的前途担忧。"

可爱因斯坦反对道："这有什么可担忧的？杰克和罗伯特他们也没及格，不照样去钓鱼吗？"

"孩子，你不能这样想。"父亲充满关爱地望着爱因斯坦说，"我小的时候，你爷爷给我讲过一个故事，我希望你能听一听。故事是这样的：'有两个工匠为一家工厂清理烟囱，当他们两个清理完从烟囱里爬出来时，一个人的脸上沾满了黑烟，像个神话里的小鬼，而另一个人的脸上却干干净净。而黑脸的人看见白脸的人以为自己的脸也是干净的，于是就径直回家了。但在路上看到他的人无不大笑，而他也跟着傻笑，直到回到家里，他的妻子才告诉他，他一照镜子，说今天我可真丢死人了。’”

“爱因斯坦，你现在看到的情况不一定是真的，当你发现自己真的堕落时，恐怕就晚了。”

爱因斯坦听后，羞愧地放下鱼竿，回到了自己的小屋里。

从此，爱因斯坦时常拿镜子来审视和映照自己，并不断地自我暗示：我是独一无二的，我没有必要像别人一样平庸。这就是爱因斯坦之所以伟大的原因。

阅后警言

现实中也有很多人正在经历着爱因斯坦少年时所经历的情况，他们看着别人悠闲，自己也跟着悠闲，但岂不知，别人悠闲可能是表面的，而实际上对方暗中在做着自己的事业；有的悠闲是因为人家本已很富足，不想再劳累，是在享受悠闲的快乐，而你却也跟着悠闲而荒废了学业和事业，成了一个傻瓜。因此，人不要看别人在做什么，要知道自己该做做什么才最重要。

奇迹的出现不全是偶然

哈佛故事

1796 年的一天，在德国哥廷根大学，有一个很有数学天赋的学生名叫高斯，晚饭后按照惯例回到教室里去做导师单独布置给他的每天例行的三道数学题。

前两道题他在一个小时内就顺利完成了。但做到第三道题时，他却颇感头疼，这道题是要求只用圆规和一把没有刻度的直尺画出一个正十七边形。

做这道题时他感到非常吃力。时间一分一秒地过去了，他对第三道题仍没有一点思路，这让他绞尽脑汁，而且他发现，自己学过的所有数学知识似乎对解开这道题都没有任何帮助。

但困难反而激起了他的兴趣：我一定要把它做出来！他拿起圆规和直尺，他一边思索一边在纸上画着，尝试着用一些超常规的思路去寻求答案。

当窗口露出曙光时，他长舒了一口气，他终于完成了这道难题。

见到导师时，他有些不好意思。他对导师说："您给我布置的第三道题，我竟然做了整整一个通宵，我辜负了您对我的栽培……"

导师接过高斯的作业一看，当即惊呆了。他用颤抖的声音对高斯说，"这是你自己做出来的吗？"高斯有些不解地看着导师，回答道："是我做的。但是，我花了整整一个通宵。"

导师请他坐下，取出圆规和直尺，在书桌上铺开纸，让他当着自己的面再做一次。

高斯很快用圆规和直尺做出了一个正十七边形。导师激动地对他说："你知不知道？你解开了一桩有2000多年历史的数学悬案！阿基米德没有解决，牛顿也没有解决，你竟然一个晚上就解出来了。你是一个真正的天才！”

原来，导师也一直想解开这道难题。那天，他是因为失误，才将写有这道题目的纸条交给了高斯，当他发现后，还自责自己为难了学生。

阅后警言

现实中，歪打正着的事件并不多见，但也不奇怪，没想打是因为没信心，而打中了是因为缺少机会，也就是说，如果早打可能早就打中了。由此看来，真正的困难并不是困难本身，而是我们对困难的畏惧。

施舍是有回报的

哈佛故事

在迈阿密市街头经常会出现一个叫坎雷的老乞丐，老乞丐实际年龄还不到 70 岁，可他那张被岁月摧残得布满了沟壑的脸，让他看起来比实际年龄老很多。坎雷留着一头凌乱的披肩长发，灰白的头发里夹杂着旧棉絮、草根、麦穗，再配上那件打满五颜六色补丁的衣服，看上去就像马戏团里的小丑。

一天，坎雷正徘徊在迈阿密市中心，他面带微笑地站在人行道上，摊开双手向路人乞讨。其实，他每天都会站在这里，路人多数人是躲着他。其原因很明了，一是嫌恶，二是不想施舍。尽管如此，老乞丐对偶而路过身边的人脸上依旧挂满真诚的微笑，如果你肯向他的脸上看去，你一定也会被这份真诚所感染。

一天，有一位记者路过这里，他观察了许久，觉得坎雷绝对能成为很好的报导材料。

于是，他走上前和坎雷谈了谈，希望对他进行跟踪拍摄，并答应付一些小费给他。坎雷愉快地答应了。

之后的三天里，记者一直躲在角落里，用相机记录着坎雷的生活。坎雷还是一如既往地站在市中心的人行道上，摊开双手，露出他真诚的微笑，向过往的行人讨钱。

第三天的下午，有一对中年夫妇带着他们六七岁的小姑娘路过这里。小姑娘走近坎雷，从后面用稚嫩的小手拽了拽他的衣角，坎雷转过身，小姑娘将手里的什么东西放在了坎雷的手里。只见坎雷脸上所有的皱纹瞬间都舒展开了，他立刻在自己的口袋中摸索了一番，将另一个东西放进了小姑娘的手心里。小姑娘也随即兴奋起来，蹦跳着跑回了不远处一直守望着她的父母的身边。

这突如其来的情景令记者始料未及，他迅速按动快门，不愿错过发生在面前的每一个细节，并很想知道这个老乞丐和那个天真的小姑娘究竟交换了什么而让双方都欣喜异常，但他最终还是强忍住了心中的好奇。

当一天的拍摄结束后，记者赶忙向坎雷提起了这个困扰

他多时的问题。

“哦，没有什么神秘可言。她放在我手心里的是一枚硬币，而我放在她手心里的是两枚。”

记者大惑不解，追问他为什么要这样做。坎雷扬了扬眉毛解释道：“我只是想告诉她：你付出，就会有收获。”

阅后警言

我们绝对相信，生活中每一个向弱者或需要援助的人所做的施舍都是真诚的，而后是根本不求回报的，但我们也更绝对相信，每一个真诚付出的举动都会有回报的，而且这种回报即使不是体现在金钱或实物上，它也会让无论是接受者还是施与者都感到心慰和满足。

让人生有意义

哈佛故事

一位教授在讲专业课之前，向学生们讲了这样一个故事：

从前，有一个没有受到过什么专业教育，也不知道怎样过才会让人生不虚度的人，一天他独自游走到一望无边的旷野中，忽然出现了一只凶猛的狮子向他奔来，他赶忙逃走，但狮子显然是饿极了，对他穷追不舍，危机关头他跑到一口

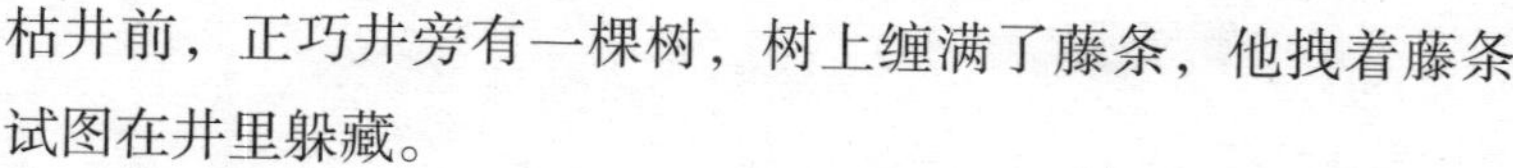

枯井前，正巧井旁有一棵树，树上缠满了藤条，他拽着藤条试图在井里躲藏。

但当他拽着藤条入井时看到藤条上有5处粘着蜂蜜，于是他伸出舌头想要舔食那些蜂蜜，这时他看到有一黑一白两只老鼠，正在啃他攀附的藤条；接着又看到井的四周还趴着4条毒蛇，准备咬他；井底下也趴着一只猛兽，等着他自投罗网。

这个人既害怕被毒蛇攻击，又怕老鼠啃断藤条而落入猛兽之口。

此时，又有一团野火从旷野上烧了过来，燃烧着井旁的那棵树。

听到这里，学生们问教授这个故事告诉他们的是什么道理。

教授解释道："这个人之所以在旷野上行走，表明他的人生很迷茫，没有行动的目标；而凶恶的狮子暗喻人生要遭遇的苦难；井则代表了人的生死如同落井；那井旁的藤条象征着人类脆弱的生命；黑白两只老鼠是昼夜的化身；而4条毒蛇则是比喻地、水、火、风4种能量在对他进行侵蚀；5滴蜂蜜代表了眼、耳、鼻、舌、身5五种欲望，它们会让凡人忘记身处险地；旷野的野火则是代表老病终究会来；而趴在井底的那只毒兽，则代表死亡，人的最后归宿。这个故事，本意是表明人生的无常凄苦和被人类自身的无明所障蔽。"

人生之路艰险曲折，生命又是如此脆弱，但那蜂蜜，却凝结了人生的全部快乐与甘美。

既然人的生命是短暂和脆弱的，我们怎么能不珍视眼下来之不易的赐予呢？

阅后警言

相信每个人都思考过生命的意义，但绝不是所有的人都能真正领悟到生命的意义。这其中的原因是，人经常会遇到多项选择题，一个人只有了解和解决了对社会和人生存在的多方面问题，才能正确解答生命意义的问题，而这需要阅历和理解力。

每个人都有不可告人的隐私

哈佛故事

一天，西部小城来了两个样子很神秘的中年人。他们走进一家旅馆准备在此投宿，老板热情地招呼着两位客人。

这两个人主动向店老板介绍说："我们是格劳克城的医生，我叫皮贝，他叫蒙汉，我们要在这完成一个科学试验，大约要住 4 周时间，请您多照应。再有，为了试验的顺利，请您千万不要把我们住在这里的消息告诉任何人。"

店老板看着他俩神秘的举止，不由追问道："你们究竟要做什么试验呢？"

"这个……"皮贝欲言又止，脸上露出了为难的表情。

“我发誓，我绝对不会告诉任何人的！”店主的好奇心被完全点燃了，他急于知道这两个人究竟要做什么。

“哦，是这样的，”一直沉默的蒙汉在一旁接口道，“我俩在格劳克城创造了一个惊人的奇迹：发明一种特殊的方法，能将墓地里的死人复活。我们在那边整整用了3个星期才做到。现在我们要试试在另一种条件下奇迹是否会发生。”

显然，店主没有履行他的誓言，这则消息很快传遍了整个小城。开始，人们对这个消息只是一笑置之，但随着这两个外地人的神秘举动，人们开始关注他们，并有好奇者一直跟踪他们，看他们到底在干什么。人们发现，这两个外地人经常到公墓去，不停地在一些坟墓前徘徊，尤其是在一个富商刚过世的年轻妻子的墓前驻足良久。

于是，有一些人渐渐地被一种不安所笼罩。首先是那个刚刚丧偶的商人伊利，他已经彻底相信这个神奇的试验会获得成功。他不停地造访城里的医生，在他们耳边不停地求证这个试验，搞得连城里医生也严肃起来。眼看3个星期就要过去了，见证“奇迹”的时刻马上就要到来！

就在第3个星期的周末，皮贝和蒙汉收到了商人伊利寄来的一封信，信上说：“两位尊敬的先生，刚去世的妻子是我的至爱，她是为了摆脱病魔而去的天堂，我希望你们不要在她身上做试验。”信封里还放了一大笔钱，以示感谢。

就在收到这封信之后，其他的信也像雪片般接踵而来。

一个继承了叔叔遗产的年轻人，很为他的叔叔即将复活而担忧；一个已经改嫁了的寡妇在信里写道：“我的前夫是自

己死的，活着，他感觉很郁闷，求你们尊重他的要求。”

这些信的信封里无一例外地放着一笔谢礼。

两个外地人对此不置可否，并且开始光顾一些去世的官职要人的碑下。他们的行为终于惊动了小城的市长。这位市长不是平级调动，是他的上司不幸去世由副职提拔上来的，他当然不愿意死去的上级死而复生。于是他给了这两个人一笔钱，并开出条件，条件中写道：以市政府的名义给他们一份证明，证明他们有让死人复活的方法，但这个方法不能在该市使用。

第二天，皮贝和蒙汉遵守条件，带着钱和证明，心满意足地离开了这座城市。

阅后警言

每个人的内心几乎都隐藏着一些不为人知的私密，尤其是一些不太能见阳光的东西，怕别人知道。而这些东西因其存在的不健康，让我们在这方面变得无知和不自信，并甘愿受其摆布。俗话说，“不做亏心事，不怕鬼敲门”，为了让我们能在任何情况下都能安心地生活，就让我们坦坦荡荡地做人做事。

人生不留遗憾就是完美

哈佛故事

在现实的世界中，没有什么事物是绝对完美的，当然包括人。上帝对谁都是公平的，他给予此，就不再给予彼，比如：他赐给了某人才华，就不再赐给他好的容貌，可是不完美又能如何呢？重要的是你能发现自己的价值，绽放出自己的光芒。

著名的音乐家托马斯·杰斐逊其貌不扬，他在向妻子玛莎求婚时，还有两位情敌也在追求玛莎。而这两位情敌所担心的都是对方，而不是杰斐逊，因为他们俩认为杰斐逊存在着天生不足。

一个星期天，杰斐逊的两个情敌在玛莎的家门口碰上了。而且他们也知道，此时杰斐逊一定在玛莎的家里。于是，他们准备联合起来羞辱杰斐逊。正当他们要按响门铃的时候，门里传出了优美的小提琴声，还有一个甜美的声音在伴唱。

如水的乐曲在房屋周遭流淌着，两个情敌此时竟然没有勇气去推玛莎家的门，他们心照不宣地走了，从此再也没有回来。

另有一个故事：一个被锯去了一个小角的圆想要让自己

完整起来，于是它便到处寻找自己丢失的那个小角。由于它是不完整的，滚动得非常慢，从而让它有时间去欣赏沿途美丽的鲜花，它和虫子们聊天，它充分地感受阳光的温暖。它找到许多不同的碎片，但它们都不是它原来的那一块，于是它坚持着找寻……直到有一天，它实现了自己的心愿。然而，作为一个完美无缺的圆，它滚动得太快，错过了花开的时节，忽略了虫子。当它意识到这一切时，毅然舍弃了历尽千辛万苦才找到的碎片。

阅后警言

不要因为我们自己在某一方面不如人，就抱怨自己，世界万物不是用一个统一模子翻铸出来的，他们不完美，需要相互弥补，相互联系才能去创造，去发展，去生存，这才是世界的本源。

想延长自己的生命就要学会珍惜时间

哈佛故事

其实，人们对寿命的希寄就是对有效时间的渴求，如果一个人不能有效地利用时间，他活一千年又有什么意义呢?

在美国近代企业界里，与人接洽生意时能在最短的时间里完成要完成的事情的人，非金融大王摩根莫属了。为了强调时间，他甚至招致了许多怨恨。

摩根每天上午 9 点 30 分准时进入办公室，下午 5 点回家。有人在对摩根的资本计算了以后说，他每分钟的收入是 20 美元。所以，除了与生意上有特别关系的人商谈外，他与人谈话绝不超过 5 分钟。

通常，摩根不在独立的办公室里办公，而是与许多部门在很大的一间办公室中一起工作，这样做的目的是减少因找人和用电话沟通所用的时间。摩根会随时指挥他手下的员工按照他的计划去行事。如果你走进他那间大办公室，是很容易见到他的，但如果你没有重要的事情，他是绝对不会欢迎你的。

摩根能够轻易地判断出一个人来找他是因为什么事。当你对他说话时，一切转弯抹角的方法都会受到他的拒绝，他能够立刻判断出你的真实意图。这种卓越的判断力使摩根节省了许多宝贵的时间。有些人本来就没有什么重要事情需要接洽，只是想找个人来聊天，因而耗费了工作繁忙的人许多重要的时间。摩根对这种现象严格禁止。

阅后警言

人的生命的有效价值是由能够创造价值的时间决定的，如果自己创造价值的有效时间延长了，那么，生命就相应地得到了延长。因此，一个人要知道珍惜时间，因为它意味着生命的延长。

善于查找自己的不足

哈佛故事

乔比从小就梦想着长大要当一名老师，十几年过去了，他终于如愿以偿，大学毕业后受聘到一个林区小镇当老师。他的教学基本功不错，还擅长写作，于是，很快就成了学生们爱戴的老师，这让他颇有成就感。但有一次他去州里办事与一位在政府工作的同学邂逅，这让他心里荡起了一层波澜，原因是他与同学的收入差距太大了，此后，他一边抱怨命运不公，一边羡慕那些拥有一份体面工作、拿一份优厚薪水的同窗。这样一来，不仅对教学没了热情，而且连写作也没了兴趣，整天琢磨着怎样调一份好的工作，也拿一份优厚的报酬。

就这样，两年时间过去了，他的业绩表上写着“一般”，写作上也没有什么收获。这期间，他通过同学关系也联系了几家单位，但最终也没有一个接纳他。

然而，一件微不足道的小事，改变了他的想法。

他所在学校开运动会，这在文化活动极其贫乏的小镇无疑是件大事，因而前来观看的人特别多。而这天他恰巧请了事假，等他办完事也赶来看的时候，小小的操场四周很快围

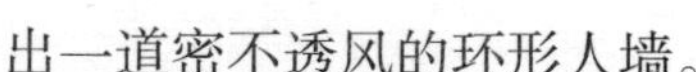

出一道密不透风的环形人墙。

于是，他只好站在人墙后面，但踮起脚也看不到里面热闹的情景。这时，身旁一个很矮的小男孩吸引了他的视线。只见他一趟趟地从不远处搬来砖头，在那厚厚的人墙后面，耐心地垒着一个台子，一层又一层，足有半米高。他不知道小男孩垒这个台子花费了多长时间，不知道他因此少看到多少精彩的比赛，但当他最终登上那个自己垒起的台子时，他笑了，因为现在他什么都看得清清楚楚了。

刹那间，他的心被震颤了——多么简单的事情啊：要想越过密密的人墙看到精彩的比赛，只要在脚下多垫些砖头。

从此以后，他满怀激情地投入到教学工作中，踏踏实实，一步一个脚印。很快，他便成了教学能手，各种令人羡慕的荣誉纷纷降落到他的头上。如今，他已在州里的教育管理部门任督导了。

阅后警言

其实，一个人的所有不得意，无论是工作上的还是生活中的，原因主要都源于自己，一是自己的本领不足，二是心态出了问题。如果要寻求解决的办法也很简单，就是端正心态，提升自己。

正确的方向才有意义

哈佛故事

一次，几个哈佛学生想相约去登山放松放松，可去的时候天气很好，中间就突然变坏了，更糟糕的是，当回来时他们还迷路了，最后由专业抢险队搜救，才避免了意外的发生。

“其实我们知道方向！”其中一位学生对搜救者说，似乎觉得很不服气。

“只知道方向有什么用？”搜救者不客气地讲：“方向固然可以帮你找路，但是并不是你要走的出路。方向告诉你该往西走，说西边有村子，偏偏西边遇到山谷，你下不去；方向又指示你往北走，说北边有城镇，偏偏遇到一条河，你又无法渡过。到头来，方向没有错，但你走不出来，这时方向对你来说有意义吗？”

知道方向但不知道如何到达，这时方向的概念是毫无意义的。

阅后警言

人在旅途中，方向必须要知道的，而最重要的是你还应该知道哪个方向是坦途，是你要走的正确的路。能分清东南

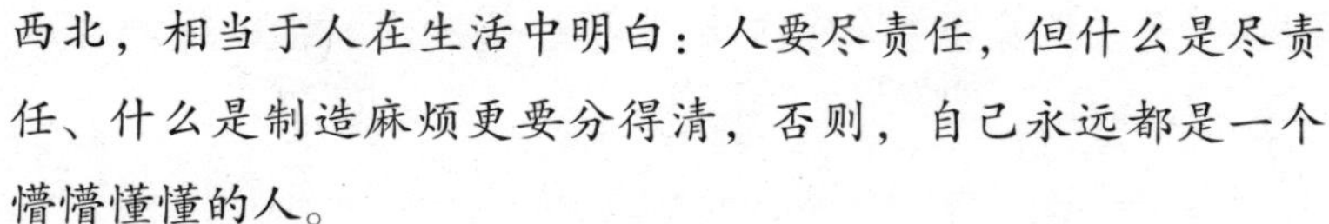
西北，相当于人在生活中明白：人要尽责任，但什么是尽责任、什么是制造麻烦更要分得清，否则，自己永远都是一个懵懵懂懂的人。

选择很重要

哈佛故事

2001 年 5 月，内华达州的麦迪逊中学在入学考试时独出心裁地出了这样一个题目：比尔·盖茨的办公桌上有 5 个带锁的抽屉，分别贴着财富、兴趣、幸福、荣誉、成功 5 个标签。盖茨随身只带一把钥匙，而其他 4 把都锁在他随身带的钥匙的那个抽屉里，请问盖茨带的是哪一把钥匙？

一位刚移民美国的外国学生恰巧赶上这场考试，看到这个题目后，认为这只是一道随意的题，没有理论依据，因此他没有“蒙”也没有答，交了白卷。考试结束，他去问他的担保人——该校的一名理事。理事告诉他，那是一道智能测试题，内容不在书本上，也没有标准答案，每个人都可根据自己的理解自由地回答，但是老师有权根据他的观点给出分数。

外国学生在这道 9 分的题上得了 5 分。老师认为，他没答一个字，至少说明他是诚实的，凭这一点应该给一半以上的分数。让他不能理解的是，他的同桌回答了这个题目，却仅得了1分。同桌的答案是，财富抽屉钥匙，其他的钥匙都锁在这只抽屉里。

后来，这道题通过E-mail被发回了这位外国学生的祖国。这位学生在邮件中对同学说，现在我已知道盖茨带的是哪一把钥匙，凡是回答这把钥匙的，都得到了这位大富豪的肯定和赞赏，你们是否愿意测试一下，说不定从中还会得到一些启发。

实际上，到底收到了多少种正确答案，没有人知晓。但是，有一位聪明的学生登上了麦迪逊中学的网页，他在该网页上发出了比尔·盖茨给该校的回函。函件上写着这么一句话：在你最感兴趣的事物上，隐藏着你人生的秘密。

阅后警言

财富、兴趣、幸福、荣誉和成功是所有人都追求的。兴趣是最好的引导者，当你必须做出惟一选择的时候，兴趣理应是首选，因为在自己感兴趣的领域才更容易做出瞩目的成就。

了解你自己

哈佛故事

有一个25岁的年轻人，因为对自己的工作和现状不满意，他去向人类潜能导师柯维咨询。他对柯维说自己的生活目标是：找一个称心如意的工作，改善自己的生活处境。他生活的动机似乎不全是出自私心，且是有价值的。

柯维问："那么，你认为做什么是你满意的呢？"

"我也说不太清楚，"年轻人犹豫不决地说，"我还从没有考虑过这个问题。我只是感觉到我现在的工作不是我愿意做的。"

"那么你的爱好和特长是什么呢？"柯维接着问，"对你来说，最重要的是什么？"

"这我也不清楚，"年轻人回答说，"因为我从没有仔细考虑过这些问题。"

"如果让你选择，你想做什么呢？你真正想做的是什么？"柯维对这个话题穷追不舍。

"我真的不知道，"年轻人困惑地说，"我真的不知道我究竟喜欢什么，我从没有仔细考虑这个问题，我想我确实应该好好考虑考虑了。"

看着这个迷茫的年轻人，柯维说："那么，这样吧，你离开你现在所在的位置，到其他地方去。但是，你不知道你想去哪里，你不知道你喜欢做什么，也不知道你到底能做什么。如果你真的想做点什么的话，那么，现在你必须拿定主意。"

随后，柯维和年轻人一起进行了彻底的分析。柯维对这个年轻人的能力进行了测试，他发现这个年轻人现在的问题是，他对自己所具备的才能并不了解。柯维知道，对每一个人来说，前进的动力是不可缺少的，因此，他教给年轻人培养信心的技巧。现在，这位年轻人已经满怀信心地踏上了成功的征途。

现在，他已经知道他到底想干什么，知道他应该怎么做。他懂得怎样才能事半功倍，他期待着收获，他也一定能获得成功——因为他找到了他最想干的事情。人，如果做他最想做的事情，那是最容易成功的。

阅后警言

许多人之所以在生活中一事无成，究其根本原因不在于他们缺少能力，而是他们不知道自己最擅长做什么，所以尽管他们努力了，付出了，但由于缺少新意，效率又低，因此，很少能做到让自己和别人都满意的效果。

潜力是这样开发的

哈佛故事

近几个月以来，让音乐系的学生于连十分的郁闷，他要大喊甚至要歇斯底里地骂人，今天，他照旧走进练习室，在钢琴上，摆着一份全新的让他看一眼就心烦、恨不能一把撕得粉碎的乐谱。

“超高难度，越级烦人。”于连翻看着乐谱抱怨着，感觉自己对弹奏钢琴的信心似乎跌到了谷底，消失殆尽。

已经三个月了！自从跟了这位新的指导教授之后，他就后悔死了，他不敢想以后的发展。但抱怨归抱怨，他还是勉强打起精神，开始让十指运动了起来……琴声盖住了练习室外教授走来的脚步声。

其实，指导教授是位很著名的钢琴大师。授课第一天，他就给自己这位新学生一份乐谱。“今天开始练习新的！”他说。乐谱难度颇高，于连弹得生涩僵滞，错误百出。“这不行，回去好好练习！”教授在下课时，这样要求于连。

于连练习了一个星期，第二周上课时正准备让教授验收，没想到教授又给了他一份难度更高的乐谱：“这星期你练习这套！”上星期的课，教授也没提。于连再次挣扎，向更高难度的技巧挑战。

第三周，乐谱的难度又增加了。同样的情形持续着，于连每次在课堂上都被一份新的乐谱所困扰，然后把它带回去练习，接着再回到课堂上，重新面临两倍难度的乐谱，却无论如何也追不上进度，也没有因为上周的练习而有驾轻就熟的感觉，因此，他越来越郁闷、沮丧和气馁，甚至有一些气愤。

当教授又一次走进练习室，于连再也忍不住了，他必须向钢琴大师提出这三个月来何以不断折磨自己的质疑。

教授没有回答他的提问，而是抽出了最早让他练习的那份乐谱，让于连弹奏。他用坚定的目光望着于连。

不可思议的结果出现了，连于连自己都惊讶万分，他居然可以将这首曲子弹奏得如此美妙、精湛！教授又让他试弹第二堂课的乐谱，他依然发挥出超高水准的技艺……演奏结束后，于连怔怔地望着老师，说不出话来。

这时，老师说话了："看得出，你不满我让你练习的琴谱，可是我任由你表现自己最擅长的部分，可能你还在练习最早的那份乐谱，就不会达到现在这样的水平。"

阅后警言

每个人的潜能都是巨大的，可是自己却无法察觉。一般情况下，一个人或是由于惰性，或是由于压力的激发，他的潜力很少有被开发的机会，所以说，有时一个人受到压力或面临挑战并不是坏事，这有可能就是你的潜能爆发的时刻。

遇事总有好的解决办法

哈佛故事

一天晚上，露易躺在卧室看书，他儿子和女儿在书房里做作业。夜静悄悄的，偶尔还能听到外面风吹草动的声音，整个房间也处在一片安静之中，露易沉浸在书的世界里。忽然，书房里传来了两个孩子争吵的声音，一声比一声高。

露易的书看不下去了，就来到书房责问孩子："你们俩为什么这样高声吵闹？作业都做完了吗？"

“我想把窗子打开，”哥哥说，“屋里很闷，空气又不流通，我几乎透不过气来了。”

“窗子是不能开的，外面很冷，我怕冷。”妹妹叫道。

露易说：“为这么点小事你们也吵，就不会想想办法吗？可不可以开一半，一方面避免了风太大，以免妹妹着凉；另一方面，室内室外空气对流，就会有新鲜的空气流通了，哥哥也就不会觉得闷了。”

“不好。”两个孩子一起抬头看着妈妈，几乎是异口同声地叫着。

一看这种情况，明显是两个孩子在赌气，谁也不甘示弱，两个孩子天天如此。露易不用想就知道怎么回事，她也急了，大声说：“拿你们两个小家伙一点办法都没有，你们究竟想怎么办？”

这时，正在看球赛的丈夫卡尔走了进来，他已经知道了事情的来龙去脉，便对妻子说：“你去休息吧，我来解决这个问题。”他走到书房隔壁的房间，将这个暂时没人的房间的窗子打开了。因为这间屋子和书房是相通的，这边开窗，书房也有空气进入，空气一下子变得流通了，而冷风又不能直接吹进来。

“还闷吗？”他问儿子。

“不了！”

“宝贝，你是不是觉得很冷呀？”他又问女儿。

“不冷，爸爸。”女儿也很满意，看了眼哥哥，又抬头看看爸爸，高兴地说。

阅后警言

每天发生在我们身边的不只是大矛盾、大问题，而更多的是一些小矛盾、小问题，而这些小矛盾、小问题不能得到很好的解决，也足以让我们的生活、工作和学习不顺心、不舒服，有时还影响家庭和亲人间的和谐，而最好的解决办法不是争吵，而是能针对实际，发现产生矛盾和问题的源头，这样问题就会迎刃而解。

养成听取别人意见的习惯

哈佛故事

南北战争时，乔治上校得知自己的部队中有两名在南方有亲属的军人投奔了南军的消息后，立刻命令手下的一名上尉带领一队兵马去抓捕他们。但是这位上尉是一个有勇无谋的人，他仗着愚勇，直奔南军营地，结果被对方认为是北军在发动进攻，而调动主力将其全歼。鉴于此，乔治只好派另一位上尉前去。这个上尉在行动之前，先是召集部下集思广议，最后确定认为叛逃者不可能走正面战场，因此决定走近路截捕，结果他成功地捕回了叛逃者。

诃金斯在担任美国福特汽车公司助理时，属下有一位年轻的职员任秘书。某日晚上，公司有要事须发通知给所有的经理，此事十分紧急，在场的职员都来帮忙，诃金斯要那位年轻人帮忙套信封，但年轻人认为做这种事有损身份，说："我到公司来，不是做套信封的工作！"

诃金斯十分恼火，但他仍若无其事地说："好吧，既然你认为做这件事让你受了委屈，那你可以离开这里。"

这位职员深知这句话的含义，就是"驱逐令"，于是，他提出了辞职。他辞职后跑了许多地方，希望能找到一个让自己满意的工作，但都碰壁了，最后还是硬着头皮回到福特公司。他诚恳地对诃金斯说："我在外面经历了许多，却总是希望能回到这里，你还要我吗？"

"回来吧，因为你现在完全变了，我相信你能比过去做得好的。"后来，诃金斯在追述此事时说："他在外面兜了个大圈子，学会了服从和尊重，不再自以为是，我行我素，现在已成为很有前途的部门主管了。"

阅后警言

成功秘诀在于，通过集思广益从中精选出最佳的行动方案。这样的好处就是，避免自以为是，刚愎自用，也等于是让一个人的脑袋变成了多个脑袋在思考，决策的完美也就成了必然。

凡事不要妄下结论

哈佛故事

彼得罗一世是西班牙历史最圣明的国王，在民众的眼里他就是正义的象征。

一次，彼得罗一世宣布他将公开选拔法官。

有三个自以为当之无愧的人向国王自荐，一个是宫廷的贵族，一个是曾经陪伴国王南征北战的勇敢的武士，还有一个是普通的教师。

国王的挑选方式很特别，他要求三个主动报名的人陪他一起在宫庭花园里遛弯儿，在宫廷人员的陪伴下，国王带着候选人离开王宫来到池塘边。他们看见池塘上漂浮着几个桔子。

“池塘上一共漂着几个桔子啊？”国王问贵族。贵族走到池塘边，开始点数，最后回答说：“一共是 6 个，陛下。”

国王没有说对与错，而是转身问武士同样的问题：“你看，在池塘上一共漂着多少个桔子？”

“我也看到了 6 个，陛下！”武士甚至没有走近池塘就直接回答了国王的问题。

对于武士的回答，国王也没有给出对与错的评定，而是接着问教师，你也数数“池塘里究竟有多少个桔子”？

这位老师没有马上答复国王的问题，而是径直走近池塘，脱掉鞋子，进到水里，逐个把桔子捞了出来。

“陛下，一共是3个桔子！因为它们都被从中间切开了。”教师说。

“只有你知道如何执法，”国王说，“在得出最后的结论之前，我们应该要能证明，因为并不是所有我们看到的就是事情的真相。”

阅后警言

在需要我们对某件事情进行判断时，不要仅凭眼睛看见的，也不要人家说什么就认同什么，更不要妄下结论。因为在很多情况下，我们所看到的并不是事情的真相。所以，在下结论前一定要经过反复的求证，才可避免出现错误。

谨防被人捧杀

哈佛故事

有一位杂技高手与一家竞技公司签约出演一场极具挑战性的演出：演出费用根据已定和随机挑选的项目而定，越危险，报酬越高。第一个节目是演员要从横架在两座楼之间的一条钢

丝绳上走过去。

这样的表演实在是扣人心弦，简直就是在玩命。可这位杂技高手看样子信心十足，当然，观众也极多。人们往往都有好奇心，喜欢看一些惊险刺激的节目。

杂技演员表演走钢丝，原本算不上什么稀奇事，但这次可是徒步走钢丝，就是说表演者手中不拿任何东西，单靠自身来掌握平衡，从一端走到另一端，而且是在两座二十几层的高楼之间，这就不得不让人为他捏把汗了。

演出开始，只见表演者走上钢丝绳，双眼注视着前方，并伸开双臂，他慢慢地挪动着步子，很轻松地走到了终点。这时，钢丝绳下响起了一阵热烈的掌声和欢呼声。

接着，他对着所有人问道："我要再表演一次。这次，我要把我的双手绑住，再走到另一边，你们说我可以做到吗？"

大家知道走钢丝是要靠双手来掌握平衡的，而他竟然要把双手绑上。当然大家都想知道结果如何，所以都大声说："你可以做到，我们相信你是最棒的！"

果然，他用绳子绑住了双手，以同样的方式，也顺利进过去了。

"太棒了，真是太不可思议了！"在场的人都报以热烈的掌声。

而让观众没有想到的是，这位表演者又说下面的表演不但绑住双手而且还要把眼睛也蒙上。

几乎所有的人都说道："我们相信你！因为你是最棒的！一定可以做得到的！"

只见，表演者从身上摸出一块黑布先蒙住了眼睛，又让人绑住了双手，开始用脚慢慢地摸索到钢丝，再往前走。

所有观看的人都屏住了呼吸，为他捏了一把汗。一步，又一步，终于，他到达了终点！

直到此时，表演者好像还有绝活，只见他从人群中找来一个孩子，对所有的人大声说："这是我的儿子，这次我把他放到我的肩膀上，同刚才一样绑住双手、蒙住眼睛，再走到钢丝的另一边去，你们相信我吗？"

所有的人仍然大喊："我们相信你！因为你无所不能！你肯定可以做得到的！"

"让我再问一次，真的相信我吗？"

"真的相信你！你绝对有这样的技术和实力！"所有的人依然这样回答道。

这时，表演者表情严肃地说："那好，既然你们都这样相信我，那么我把我的儿子放下来，换成你们的孩子，有愿意的吗？"

顿时，所有的观众瞬间都象哑巴了一样。

阅后警言

当别人为自己奉献服务和娱乐的时候，我们应该表现出感谢和关心，尽管我们付出了一定的酬谢，但如果没有人愿意为我们提供服务和娱乐，我们即使付出了又能得到什么呢？如果我们是为别人奉献和服务的人，我们也一定要切记理智地对待来自对方的反应，切莫被捧杀。

只有切实的目标才有实现的可能性

哈佛故事

汽车工业巨头福特曾经结识了一个非常有才能的年轻人，尤其是这个年轻人的志向特别受到福特的欣赏，于是他想帮助这个年轻人实现自己的梦想。可这位年轻人说出了他的梦想却把福特吓了一跳：他最大的梦想就是一生要赚到 1000 亿美元。

福特问他："你要那么多钱做什么？"

年轻人迟疑了一会儿，说："老实讲，我也不知道，但我觉着只有那样才算是成功。"

福特说："一个人果真拥有那么多钱，将会威胁整个世界，我看你还是先别考虑这件事吧。"

在此后长达 5 年的时间里，福特拒绝见这个年轻人，直到有一天年轻人告诉福特，他想创办一所大学，他已经有了 10 万美元，还缺少 10 万。福特这时开始帮助他，但年轻人再也没有提过那 1000 亿美元的事。

经过 8 年的努力，年轻人成功了，他就是著名的伊利诺斯大学的创始人本・伊利诺斯。

未来要当总统、州长、将军或是成为富翁、明星，这些目标和想法几乎是刚走入社会的所有年轻人所共同期待的，我们不否认有年轻人在未来的成长和发展中会成为总统、州长以及将军和富翁，但我们更肯定，这只是极少数人，大多的人是做平凡的工作。因此说，一个人即使志向高远，但目标一定要定得切合实际才能够被实现。

不做非分之想

哈佛故事

1850年，拿破仑在创建法兰西第一帝国后，为粉碎反法联盟的进攻，拿破仑率领不足8万的法军与俄、奥近20万联军决战于奥地利奥斯特里兹，最后，只在4小时的激战中就击溃俄奥联军。

尘埃落定，拿破仑要犒赏英勇善战的各路将士。

他对部下说："说说看，你们想得到什么？我会给你们所想要的一切，勇敢的英雄们！"

这时，有一个波兰藉将领向拿破仑喊道："请陛下送给我一座城堡，让我在那里安度晚年！"

“满足你！”对于这位将军的要求拿破仑想都没想就答应了。

“我是个农夫，我希望皇帝陛下能赐给我一片辽阔的土地！”一个下级军官请求道。

“孩子，你会得到土地的！”

一个德国军官说：“我要个酿酒厂。”

“好，就给你一个酿酒厂！”拿破仑也爽快地答应了。

这时，有一个犹太人军官却平静地向拿破仑请求说：

“陛下，请赐我一条上好的鲱鱼，如果您愿意的话。”

“天哪！我记住了，给你 10 条大个的鲱鱼，现在你就可以拿走了。”皇帝耸耸肩说。

当每个人的要求都得到应允，并欢欢喜喜地等待的时候，有人问犹太人，为什么只要一条鱼——他可是皇帝陛下呀！

“走着瞧吧！”犹太人说：“你们要的城堡、农场、酿酒厂，皇帝保证了，可我不敢保证你们一定能得到。我是个现实的人，我只要一条鲱鱼，可得到了 10 条。”

其结果，由于时局变化，拿破仑向部下做的承诺真的泡汤了。

阅后警言

每个人都有欲望，特别是当一个人取得了工作业绩，为社会作出了一定的贡献时，向受惠一方提出一定的奖励也无可厚非，但一定要清楚，要分清权利和义务以及责任的关系，应尽的责任和义务是不应强调回报的，即使自己为团队、为社会，甚至为国家作出了巨大的贡献，也不应提出过分的要求。凡事要适可而止，见好就收，才不至于竹篮打水一场空。

不要逆自然而动

哈佛故事

有一个小男孩，他家门前有几棵大树，夏天在树下乘凉，十分的惬意；可秋天起风的时候，落叶就随风落满了院子。于是，父亲就交给他一项任务，要他每天上学前将院子里的树叶打扫干净。

对他来说，天刚亮就起床打扫树叶实在是一件苦差事。而且，落叶好像在故意为难他，时不时就落下来，刚扫净就又落满了院子。头一天扫完了，第二天照常落满庭院，刚刚清扫完，一会儿又落下几片，总是扫不净。

看看季节，这个烦心事一时还结束不了，于是，他想出一个好主意：扫地之前，先将树使劲儿摇晃，这样就可以将第二天的树叶也摇落下来。这个主意令男孩兴奋不已，于是他起了个大早，扫地之前使劲儿将院外的树一棵棵摇了又摇。男孩累得满头大汗，这才发现摇树比扫地还累。但他想，毕竟明天再也不用起早扫院子了，想到这儿他就非常开心。

第二天，他高兴地起了床，谁知开门一看，院子里依然是落叶满地。

父亲看见孩子的举动没有责怪他。而是告诉儿子，由于生长周期和营养吸收的不同，树叶枯死的时间也不一样，所以每天都会有落叶，今天只落今天的树叶，明天的树叶只能在明天落下。

阅后警言

自然界有自然界的规律，它们是不依人的意志而转移的，人类要不断地改善自己的生活环境和质量，有时会违反自然规律，主观臆断，这都是极其愚蠢的行为。

敢想不是妄想

哈佛故事

有一个叫西门的男孩，他的父亲是美国西部著名的马术师。做马术师的注定要东奔西跑，因此，西门也跟着父亲时常地四处奔波，因此他的学业也受到了影响，成绩也不理想。

有一天，老师要全班同学写一篇作文，题目是“长大后的志愿”，第二天上学交上来。那一晚，西门用整个晚上写了7张纸，描述了他的宏伟志愿：长大后，我想拥有属于自己的一座农场，在农场中央建造一栋占地5000平方英尺的住宅，

拥有很多很多的牛羊和马匹。

第二天他把作文交上去时，老师给他打了一个又红又大的F，还叫他下课后去找老师。

“老师，为什么给我不及格？”他不解地问老师。

“我认为，你的作文立意就是错的，因为你的愿望是不切实际的。你要买一座大农场，还要建造5000平方英尺的住宅，这简直就是天方夜谭。如果你肯重写一个志愿，写得实际点，我会考虑给你重新打分。”老师回答说。

男孩回家后反复思量，最后忍不住询问父亲。父亲见他犹豫不决，语重心长地说：“儿子，这是个非常重要的决定。我认为，拿个大红的F不要紧，但绝不能放弃自己的梦想。”

儿子听后，牢牢把这句话记在心底。他没有重写那篇作文，也没有更改自己的志向。

此后的20年里，西门一直没有放弃他小时候的理想，他最终成为一个超过了他父亲的马术师。他用赚来的钱买了一座大农场，并在这个农场里建造了一栋舒适而漂亮的豪宅。

阅后警言

一个人不能有傲气，但不能没有骨气。傲气是一种短视和不识时务，而骨气是一种信念和不放弃。傲气的结果是妄想，而骨气的未来是希望。

人无法准确地预知未来

哈佛故事

有一个行事例来是瞻前顾后、处处谨慎小心的骑士，为了赢得一位他一厢情愿的贵夫人，他决定要效彷堂诘歌德进行一次远途旅行。

他尽可能地准备好旅途中可能遇到的各种问题所用的装备。

包括一把宝剑和一副盔甲；一大瓶为防止太阳晒伤皮肤或被藤条刮伤皮肤而用的药物；一把斧子；一顶帐篷、一条毯子、锅和盘子。

当他带着这些重物过一座桥时，桥板突然被压塌，他和他的马都不幸落到河中淹死了。临死前那一刻，他很懊悔，后悔没能带一个救生筏。

故事中的骑士到死也没有醒悟，让他丧命的原因，不是他的准备不足，而正是因为他为无法预测的结果，准备的过多所致。要知道风险是客观存在的，但风险的出现也是遵从某种规律的，只有适宜它出现的条件成熟了，它才能出现。所以，最要做的事情是，按事情发展的逻辑进行，不要给自己压力，自己吓唬自己。

显然，背负着如此沉重的精神包袱，不用说在事业上谋求成功，就是在自尊心、家庭问题、人际关系等方面，也不可能取得满意的结果。

抱着一种不正确和不合逻辑的态度对待生活和工作，就永远无法使自己得到满足，每天都会焦灼不安。

阅后警言

人应该有敬畏之心，不应完全听从于命运的安排，但也绝不做凭借自身的能力所达不到的事，不做无妄之想，不做无用之功，脚踏实地做事，也不凭空预测未来。对待生活的正确态度是：既努力争取，又顺其自然。人可以根据自己目前的现状大致预测不久的未来，但绝不可能预测到长远的贫富、吉凶和生死。人不要做这方面的预测或幻想。

善于借助自己的长项发展

哈佛故事

有一家很有实力的唱片公司旗下有很多歌星，其中有一个女孩歌唱得很好，她已经有了许多歌迷，女孩在娱乐圈中浮沉了许多年后竟黯然退出了。当时，有许多人问公司老板：

“她为什么消失了？她的成绩应该比现在好一点的。”

老板说："我叫她用心唱歌，而不要把心思放在其他方面，她反而跟我说：'我是一半偶像，一半实力。'"

原来她觉得自己有一些人气是源于她的外表，而她完全不知道自己最大的长处是唱歌。

了解和认识自己是设计、开创事业的基石。只有切实地做到了了解和认识自己，才能把握自己，把握人生。既不要好高骛远，目空一切，又不妄自菲薄，丧失自我。

很明显，了解自我首先要摆正心态，能经常反思自我、审视自我、把握自我。反思自己的所作所为，所思所想，明白自身的长短优劣，不断矫正自己。

认识自我，了解自己的长处，会让自己始终处于一种主动的地位。人生的难事，不是别的，就是认识自己。有时，在人生的某个阶段，能比较好地了解自己，到了人生的另一个阶段，反而会变得模糊，成为自我发展中的一个障碍。所以，对一般人来说，要做到真正认识自己是很不容易的，这需要一生的智慧，一生的努力。也正因为如此，自知之明才显得更加可贵。

阅后警言

一个人要想让自己的人生过得有意义，为社会的存在与发展作出贡献是最切实的体现。人可以在贡献才智的同时体现自身价值和影响力。有的人通过自己的言行充分地体现出自己的人生价值，而有的人却空有愿望，默默无闻，这是因为他发挥不出自己所独有的优点，只能做一些平凡的工作所致。

生活不是神话

哈佛故事

很多年前，在得克萨斯州有个叫查尔斯的人，他一心想成为大富翁。他觉得成功的捷径便是学会炼金术，他把全部的时间、金钱和精力都用在了炼金术上。不久，他花光了家里的全部积蓄，家中变得一贫如洗，连饭也吃不上了。妻子无奈跑到父母那里诉苦，她的父母决定让女婿清醒过来。一次他们对查尔斯说："我们已经掌握了炼金术，只是现在还缺少炼金的东西。"

"快告诉我，还缺少什么东西？"

"我们需要3公斤从香蕉叶下搜集起来的白色绒毛，这些绒毛必须是你自己种的香蕉树上的，等到收完绒毛后，我们便告诉你炼金的方法。"

查尔斯回家后立即将已荒废多年的田地种上了香蕉。为了尽快凑齐绒毛，他除了种自家以前就有的田地外，还开垦了大量的荒地。

当香蕉成熟后，他小心地从每片香蕉叶下刮取白绒毛，他的妻子和儿女则抬着一串串香蕉到市场上去卖。就这样，5年过去了，他终于收集够了3公斤的绒毛。这天，他一脸兴奋

地提着绒毛来到岳父母的家里，向岳父母讨要炼金之术。岳父母让他打开院中的一间房门，他立即看到桌子上放满了黄金，妻子和儿女都站在屋中。妻子告诉他，这些金子都是用他5年里所种的香蕉换来的。面对满屋实实在在的黄金，查尔斯恍然大悟。从此，他努力劳作，终于成了一个大富翁。

阅后警言

凡是热爱生活的人，都有自己的梦想。而现实中，有的人梦想变成了现实，而多数人的梦想却成了最后带入坟墓的幻想，难道是梦想的方式和种类导致的结果吗？不是。真正原因是，有的梦想是有现实基础的，而有的梦想是脱离现实的。

四　不做痴妄之想

Chapter 4

一个人在生活中所遭遇的一切挫折、失意甚至是失败，分析一下个中原因，多是因为自己做了不切实际的非分之想而造成的。这其中包括：强行从事自己所不熟悉的行业、强行与人进行力所不及的竞争、强行担任胜任不了的职务以及不顾所处的环境和现状强行去做与之相悖的事情。所有这一切就是挫折、失意、失败的主要原因，如果不能及时醒悟和转变，将最终导致整个人生的失败。

永远不做绝对的决定

哈佛故事

古时有个渔夫，他是个远近闻名的捕鱼高手。可他却有一个不好的习惯，就是爱发誓，即使发的誓不符合实际但也决不更改。当然，发誓都是有凶吉的。

一年春天，他听说市面上墨鱼的价格很高，于是他又对天发誓：

这次出海只捕捞墨鱼，如捕捞别的就让自己葬身大海，结果这一次渔讯所遇到的全是螃蟹，但他不能违背自己的誓言，任凭大量的肥蟹从自己的网下溜掉，他只能空手而归。回到岸上后，他才得知现在市面上螃蟹的价最高。渔夫为此后悔不已，发誓下一次出海一定要只捕捞螃蟹。

第二次出海，他把注意力全都放到螃蟹上，可这一次遇到的却全是墨鱼。为了不违背自己的誓言，不用说，他又只能空手而归了。晚上，渔夫躺在床上翻来复去地睡不着，十分懊悔。于是，他又发誓，下次出海，无论是遇到螃蟹，还是遇到墨鱼，他都要去捕捞。

第三次出海，这一次大海好似故意与他做对，连一只墨鱼和螃蟹也没见到，只有一些马鲛鱼。于是，渔夫再一次空手而归……

看见丈夫一次次空手而归，家里既没吃的，也没花的，老伴就知道这是老头子又发了不切实际的毒誓，于是把他大骂一场。从此，渔夫再也不发誓了。

阅后警言

许多时候，目标与现实之间往往是有一定距离，而且计划没有变化快，所以在现实中，我们做计划做决策也必须要考虑到现实的变化，要有预备方案，不能自己难为自己，更不能做茧自缚。

做事且不可半途而废

哈佛故事

在一个小镇上有一个店铺老板想把一块木板钉在店门口的墙上做招牌，这时，同镇上有一个叫豪斯的人想要去帮忙。

老板说："谢谢你，但你先帮我把木板锯方正后再钉上去。"于是，他找来锯子，可没有锯到两三下就放下了，说要把锯子磨快些。

于是他又去找锉刀；之后他认为必须先给锉刀安一个顺手的手柄才好使；于是，他决定要找一块像样的圆木来做锉柄，可这块圆木柄要一把刀才能削出来；这样，他又去找刀，而结果是：豪斯在找刀的时候又去做其他在他看来是急需做的事情去了。

后来人们发现，这个叫豪斯的人无论做什么都是半途而废。他曾经废寝忘食地攻读法语，但要真正掌握法语，必须首先对古法语有透彻的了解，然而后来他又发现，没有对拉丁语的全面掌握和理解，要想学好法语是绝不可能的。

豪斯又发现，掌握拉丁语的惟一途径是学习梵文，因此便一头扑进梵文的学习之中，可这就更加旷日费时了。豪斯从未获得过什么学位，但他认为他受过的教育什么都可以做。

他的先辈为他留下了一些本钱。他在毫不了解市场行情的情况下拿出10万美元投资办了一家煤气厂，可造煤气所需的煤炭价钱昂贵，这使他大亏。于是，他以9万美元的售价把煤气厂转让出去，开办一个煤矿弥补损失。可又不走运，因为采矿机械的耗资大得吓人，因此，他把在矿里拥有的股份变卖成8万美元，转入了煤矿机器制造业。他就像一个内行的滑冰者，在有关的各种工业部门中滑进滑出，没完没了。

他恋爱过好几次，可是每一次都因为自己的清高和自负而失败。他曾对一个姑娘一见钟情，他想姑娘可能也是这样想的，于是他等着姑娘主动来找他，可两个月后那位姑娘却另嫁他人。

阅后警言

人生的最大悲哀是一生中从未干出过一件像模像样的事，而并不是因为没能力，也不是缺少做事的热情，而是对走错的路还自以为是。

坚决不能有“凑合”的心理

哈佛故事

可能由于懒惰，也可能由于吝啬，很多人对自己使用的东西都有一种凑合用的心理。这种凑合用的心理是一种极不科学的修补心理。

汉斯和伍豪是大学同学，毕业后两个人合伙办了一家小公司，生产食品。这是两个人上大学时就商定好的，但由于两个人刚毕业，手里没钱，除了俩人由家里资助外还贷了一点款。考虑到公司的难处，俩人买了一套旧设备，想凑合着用，等赚钱了再淘汰掉，更换新的。可设备运行的前几个月还挺好，后来就来了问题，各种小毛病开始显现出来，今天这个螺丝松了，明天那个零件坏了，总得不断修理，这样常常影响整个生产计划的顺利进行。而这时买新的，他俩还是买不起，所以就这么一天又一天地耗着。但是旧设备还是不争气，总是毛病不断，而且损坏的周期越来越短。到年底一算账，就因为这台机器的各种小毛病，产量较上年度有明显减少，这些损失加上维修费用等，足可以买一台新机器了。到这时，俩人这才痛下决心，以低廉的价格把这台机器处理掉，重新购置了一台新机器。

为了节省一些眼前看得见的钱，而宁愿去花费大量的时间和精力去修补那些本该淘汰的东西，用明天的收益去做赌注。同理，在做事和用人上也绝不能有此类的凑合、修补心理，今天这儿出问题，明天那儿有毛病，既影响效率，又影响士气，而且这些薄弱环节又总会在关键时刻给你造成巨大损失。

阅后警言

在现实生活中，有时我们做事情不缺少热情，不缺少科学依据，可是却把事情办砸了，为什么？有时失败的原因很简单也很可笑，就是因为在要出现的结果上没有引起足够的重视，有“凑合”“敷衍”的心理。

能做鸡头做鸡头，宜做凤尾做凤尾

哈佛故事

三年一次的马拉松比赛在美国的一个海滨城市如期举行。在这次比赛中，有三个运动员是首次参加，但他们都是马拉松赛的绝对爱好者。在整个赛程中这三个人都很努力，尽管最后他们三个人中连一个人都没有拿到奖牌，可他们都觉得自己是胜利者，这是因为他们都是怀着不同的目的参加比赛的。第一个人想通过比赛检验一下自己的耐力，他做到了，他的成绩超过他的预料；第二个人想提高自己以往的成绩，他也达到了目的；第三个人一辈子没跑过马拉松，他的目标就是跑完全程，他也做到了。

由于这三个人都达到了目的，因此不管他们拿没拿到奖牌，他们都是胜利者。其实，拿奖牌只是一种形式，达到目的才是意义所在。奖牌是我们参加比赛的惟一目标吗？其实就像上面故事所说的那样，我们每个人参加比赛都应该给自己定下一个应该实现的目标，只要实现了自己立下的目标，就是一种成功。奖牌永远只是一种形式，胜利却可以因人而异。

竞技结果的意义可能人们会理解得很透，但这一理念放在生活中人们会不会也理解呢？有些人不切实际地给自己定“金牌”的目标；在公司中工作，一心只想做主管，而实际上自己本不具备做主管的素质，如果按照自尊、自重的要求，就按照自己所能胜任的工作去设计自己，这才是最明智的选择。

“宁做鸡头，不做凤尾”，这句话误导了许多年轻人，许多人都把当头定为自己的目标。其实多数人并不具备领导的才能与胸怀，被别人指挥时或多或少地会有些不愉快的情绪，但我们必须接受这种现实，学会与人合作，并服从。

生活中，每个人都需要工作，工作给予我们的回报绝不仅仅是升职与加薪，就如同体育比赛的目标不只是金牌与奖金一样，人需要在工作中得到锻炼和成长，以及乐趣与享受。

阅后警言

凡是一个具有责任心，不愿浑浑噩噩生活的人，都渴望在有限的生命中做大事，做不凡的事，成为受人关注的人，但想法和现实总是存在差异的，一个人必须尊重事实，做与自己才智相宜的事，不可好高骛远，大事做不来，小事又不做，这才是最失败的人生。

有些事只能遵从自然

哈佛故事

我们对一棵树稍加观察就会发现，它长到一定高度就开始分叉，长出几根枝丫来，每根枝丫又继续分叉成几条小枝丫，小枝丫上又长出小树枝，这样不断衍生，最后使一棵小树长成枝繁叶茂的参天大树……树的这种生长方式对我们每个人来说都不陌生，但恐怕很少有人注意到：一棵树在任何一个高度，其所有树枝的截面积之和都是相等的。这一现象是15世纪意大利画家达·芬奇首先观察到的，但一直没有人能解释为什么树木要这样生长，直到最近科学家才给出答案。

几乎所有种类的树都遵从这一生长规律，这条规律也告诉我们，一棵树不论其上部枝丫如何多、如何复杂，但其在任何一个高度，它实际的粗细总保持不变。这就带来一个便利，当估算一棵树实际占有的体积时，我们只要在树的根部量出它的截面积，再乘以它的高度就可以了。

植物学家开始猜测达·芬奇所观察到的这一现象可能跟植物把水分从根部抽吸到高处的树叶这一过程有关，也许从下到上，只有运输水分的纤维管截面积相等，才能保证水分能浇灌到每一片叶子。

但最近的一位法国流体力学专家对这一解释表示怀疑，他认为这跟水分的运输没关系，而是跟风力对树叶的作用有关。

说的通俗一点就是，始终让树的每一个细节与整体保持相似，比如在第一个分叉点上有三个分枝，三个分枝相对主干有三个伸展角度，那么以后在任何分叉点上都只有三个分枝，而且相对主干的伸展角度与原先的保持一致。

这样，这些树枝是最不容易被刮断的。

所以，尽管世界上的树木有成千上万，但它们为了抵御风的摧折，却遵循着同样一条乘法的规律，即达·芬奇公式。

阅后警言

树的生长规律好像很神奇，其实，这不过就是生物为了自身生存随缘而已，还不只是树，其他生物也莫不如此。

有了知识不一定就有力量

哈佛故事

可能关于知识的概念还没有特别具体的表述，知识有时被人们误读。

当我们说知识的时候，其实我们说的是“知道”，如第一次世界大战是哪一年爆发的、结束于哪一年；有的时候我们说的其实是“常识”，如一年有四季；有的时候我们说的其实是“见识”，如认识到是什么原因导致了金融危机。一个知道很多事实而不知如何处理的人，现在我们已经不叫他“知识分子”，而称之为“知道分子”。知道而不能诠解，徒增谈资，于世无益。

1956 年，教育心理学家本杰明·布鲁姆发现，美国学校的测试题 95% 以上是在考学生的记忆力。于是，他提出了一个新的学问分类法，即影响了两代美国人的“布鲁姆学问分类法”。该分类法把学问分为知识、理解、应用、分析、综合、评估等几个类别。这个分类法在美国教育界，尤其是在中小学，可谓众所周知。很多学校的课程设置，就是以此分类法为依据的。经过两代人的努力，美国的教育走向了实用化的轨道。即便在小学阶段，这些分类技能的培养也是齐头并进的。比如“应用”类，一年级的孩子就有“访谈”作业，让他们询问家里人喜欢香草冰激凌还是巧克力冰激凌，然后把结果制作成图表，让人一目了然。

现在我们常讲“分布式认知”，也就是大脑的一部分被解放出来，被电脑、智能手机等外部智能辅助设备所取代。那么大脑干什么呢？它侧重于分析、应用、综合、评估这些“高层次思维”，即做一些有实际意义的研究，更贴近于实践。

知识和力量之间的关系，就是理论和实践的关系，知识只是说明你知道一些事情，听过对一些事物的介绍，但还不足以借用这些知识来诠释它们或者是掌握它们的生活。一种真正的力量，需要知识的再提升才能产生。

人能主宰的范围很有限

哈佛故事

美国著名音乐指挥家、作曲家沃尔特·达姆罗施20多岁就当上了一个著名乐队的指挥，很多人都对他非常崇敬。人们也都知道指挥是乐队的灵魂，沃尔特自己也感到非常自豪。

起初，在盛名和艳羡声中沃尔特自然就在心里滋长了一些傲气，以为自己是一个指挥天才，是无可替代的。

有一天他来到排练厅，却发现自己把指挥棒忘在了家里，正当他准备派人去取时，秘书说："不用了，向乐队其他人借一根就可以了。"

沃尔特顿时一愣，心想：除了我，谁还可能带指挥棒呢！但他还是依照秘书的建议，随便问了一句："有谁能借给我一根指挥棒吗？”

令他没想到的是，他的话一出口，包括大提琴手、首席小提琴手和钢琴师在内的所有人都从衣袋里掏出一根指挥棒递给他！

这时，沃尔特才一下子清醒过来，原来自己并不是什么必不可少的人物，不是不可替代的大师！很多人都如此有能力，任何一个人都可以取代他的位置。

从此以后，沃尔特再也不沾沾自喜。每当他想偷懒的时候，每当他飘飘然的时候，他都会提醒自己：你能掌握的东西别人也可以掌握，千万不要有自己才是主宰的念头。

阅后警言

每个人都可以通过努力在生活中求得一技之长，而当你拥有了一技之长的时候，千万不要产生一种非分之想，妄图主宰谁都可以涉足的那一块领地，因为别人也许很容易就会超过你。在生活中，永远都不应有自己是不可或缺的想法，当世界的原有秩序被打乱的时候，它会按着新的秩序发展，谁都阻挡不了事物的发展规律。

既然是规则就不能打破

哈佛故事

美国前总统老布什是个原则性很强的人，他在所有的言行中不但要求自己，也严格要求属下都要坚守规则，不容有丝毫的逾矩行为。

1981 年春天，时任美国副总统的布什因公务正坐在飞行的“空军 2 号”飞机上，突然，他接到国务卿黑格从华盛顿打来的电话：“出事了，请你尽快返回华盛顿。”

随后，在几分钟后的一封密电中得知，总统里根被刺，正在华盛顿大学医院的手术室里接受紧急抢救，因此，布什命令“空军 2 号”立刻调头飞向首都华盛顿。

飞机在安德鲁斯着陆前45分钟，布什的空军副官约翰·马西尼中校来到前舱，为结束整个行程做准备。飞机缓缓下滑时，马西尼突然提出：“如果按常规在安德鲁斯草坪着陆，然后乘车驶往白宫，要浪费许多宝贵时间。我们不如直接飞往白宫，在南草坪上着陆。”

布什只是稍做考虑就断然否决了马西尼的这个提议，要求按例行规则进行。

“我们到达时，市区交通正处于高峰时期，街道上的交通很拥挤，坐车到白宫要多花 10 ~ 15 分钟的时间。”马西尼提醒道。

“也许是这样，但是我们必须这样做。”

马西尼点点头：“是的，副总统先生。”说着走向舱门。

看到马西尼中校显得疑惑不解，布什解释道：“约翰中校，只有总统乘坐的空军 1 号才能在南草坪上着陆。”布什坚持着这条原则：“美国只有一个总统，副总统不是总统。哪怕在特殊情况下，也应该遵守规则，无论总统、副总统还是普通民众。”

阅后警言

世界的秩序和谐在于规律的遵守，社会和谐与组织和谐也同样依赖于规律的遵守。我们绝不可以因为意外情况而轻易地去打破它，打破它就一定会为此而付出代价。在任何时候，规则意识都应是我们要时刻谨记的。现实中，所有问题的出现都源于既定的规则遭到了破坏，即破坏规则，又要保证事情按原有的方向发展，不过妄想而已。

五 行动创造奇迹

Chapter 5

在现代，行动是劳动的“现代时”，因此说：行动更能体现一个人的行为意识，也就是说，是否有所行动标志着一个人对待某件事物所采取的态度。它直接关系到责任目标能否实现的问题，再宏伟的目标、再崇高的理想，如果只是想，而不去行动则永远也不会实现。在任何时候，如果没有切实的行动，就没有我们所期望的任何改变，更不要幻想奇迹的出现。

真理只能用实践来检验

哈佛故事

18世纪，天花像魔鬼一样肆虐着欧洲和亚洲的大部分地区。在英国，几乎每个人都躲不过这种疾病，许多成年人的脸上和身上都有天花留下的难看的麻坑，更有成千上万的人由于病情严重而变成瞎子或疯子，每年都会有成千上万的人死去。

英国的琴纳当时还是位年轻的医师，他立志要消灭天花这种恶疾。他在家乡伯克利行医时，发现牧区挤奶的女工从来不曾患过天花。经过观察他发现挤奶工在挤牛奶时，常会因接触了患天花的奶牛的脓浆，而传染上牛痘，手上便长出了小脓疮。开始的时候有些不舒服，但很快就好了，以后也不会患天花。琴纳由此产生了一个大胆的设想，用人工接种牛痘来预防天花。

在动物身上试验成功了，在人身上种牛痘会不会有危险呢？决心为人类解除天花危害的琴纳，决定拿自己的儿子作为人工接种牛痘的第一个试验者。这个想法马上招致了他妻子、亲属和朋友们的反对，说他发疯了，这样会害死孩子的。琴纳不顾亲友们的责难，坚持把牛痘种到了儿子的胳膊上。

几天以后，儿子除了有微微的不适外却安然无恙。两个月后，他又把天花病人身上的浓液种到了儿子的身上。忧虑难熬的日子，一天又一天，一个星期又一个星期过去了，儿子一直没有传染上天花。妻子的脸上露出了笑容，琴纳更是欣喜若狂。

但是，当时琴纳的研究成果不仅没有得到社会的承认，反而引起了一场轩然大波。教会嚷嚷说，以牲畜的疾病来传染人是“亵渎上帝”的行为，“接种牛痘是魔鬼的诺言”。许多报纸鼓吹种了牛痘会使人身上长出牛角，发出尖叫的声音，甚至耸人听闻地说，儿童种了牛痘，全身会长出牛毛，面孔会变成牛的模样，像牛一样咳嗽。一些受了蛊惑的人，包围了琴纳家的房子，向屋内扔砖头，谩骂并拦截就诊的病人。

这时候，琴纳的妻子站了出来，坚决支持丈夫的研究，还拿出了家里的积蓄，帮助琴纳出版了《接种牛痘的原因和效果的调查》一书。最后，真理终于战胜了邪恶，琴纳赢得了承认和称颂。

阅后警言

既然是劳动创造了人，那么，人类社会的一切成果与奇迹也一定离不开人的行动。但是人在计划和实施某种行动之前，一定要注意先做好必要的调查与论证工作，切忌盲目与蛮干，必须要明白，在生活和工作中，不论你有着多少美好的蓝图和梦想，如果你不去行动和实践，你都永远到达不了成功的彼岸。

再多的钱也是由每一枚硬币组成的

哈佛故事

有两个刚从大学毕业的学生一同出去找工作，一个是英国人，一个是犹太人。

两人走在大街上，发现前面地上有一枚硬币，当快踩到的时候，英国青年迈了过去，而犹太学生则弯腰拾起了这枚硬币，将它擦干净装进了兜里。

英国学生见状，一脸鄙夷地说："一枚小硬币你也捡，你家非常穷吗？多失身份啊！"

犹太学生看着同伴，不由地感慨道：你这样一个不知道珍惜钱的人，将来怎么才能积攒财富呢？再说，一枚硬币虽不多，但它培养的是一种对待财富的态度。当他们两个人同时来到一家公司面试时，他们看到公司的规模很小，但工作却并不轻松，活又多又枯燥，薪水离理想的差距也很大。于是，英国学生离开了，因为这不是他理想的工作；但是犹太学生却欣然接受了这份工作，他觉得有了工作就可以赚到钱了。

两年后，他们两个在街头偶遇，当初的犹太学生已经成了他所在公司的副经理，而那个英国学生现在仍在寻找着他

觉得理想的工作。

对此，英国同学不解地问：“像你这样连一枚硬币都要捡的人，怎么会发展得这么快，居然都当上了经理？”

这位犹太同学说：“爱钱更爱工作，这是不可分割的，爱钱就必须要找到工作，有了工作就会让我赚到更多的钱。如今，我做到了。”

阅后警言

不要瞧不起每一分钱，也不要一味地羡慕别人有许多钱。不要瞧不起一分钱，是因为再多的钱也是由一分一分的钱组成的；不羡慕别人的钱是因为：羡慕也只是望钱兴叹，别人的钱到不了你的手里，只有经过打拼，你才会成为有钱人。

在不知不觉中增长的本领

哈佛故事

有一个穷人偶然间得到了试金石的秘密：试金石是能把任何金属变成纯金的一种小鹅卵石，它看起来和普通的鹅卵石没有两样，然而，一般的鹅卵石较冷，只有试金石摸起来是温暖的。

穷人获知这个秘密后，欣喜若狂，立即赶到大海边寻找试金石。穷人满怀信心地挑选着那些鹅卵石，可是那些石头摸起来都是凉凉的。穷人渐渐地有些失望了，他愤懑地把捡起来的每块凉凉的鹅卵石朝大海深处扔去。他就这样日复一日、年复一年地在海边扔鹅卵石，而且扔鹅卵石的力气越来越大，那些鹅卵石也越扔越远。

再后来，他觉得光扔鹅卵石很无聊，就干脆扔石头打飞鸟，因扔得太多，击中率也大增，致使他达到了石起鸟落的水准。

多年后的一天，穷人捡到一块温暖的鹅卵石，然而，他已经形成了到手就扔的习惯，当他意识到那是块温暖的鹅卵石时，那块传说的试金石已经被他扔到深海中，他只能是望海兴叹。

此时，他彻底失望了，他一无所获地回到开罗。当时城里正在举行建国百年庆典，国王一时开心，摆擂台寻找全国击打标靶最准的人。打靶的工具不限，枪也行，箭也行，梭标也行，当然飞镖和飞石也可；靶牌立在离打靶人五十步处，每人打十次，以打中靶心次数多者为胜，冠军封以爵位，并有大量黄金和良田的赏赐。穷人想起这么多年在海边扔鹅卵石的经历，觉得机会来了，便报名参加。参加打靶的人所用工具各异，但十次都正中靶心的只有他一个人，于是，他获得了冠军，得到了国王的赏赐。穷人变成了富裕而体面的伯爵。

阅后警言

在现实中，一个不经意的举动可能会成就他要花很大的

努力都争取不到的收获，从表面上看，这只是不经意之举；从深层次上思考，这个不意之举则是日积月累的集大成。正如你是不经意做这件事一样，是在不经意之间完成的，如果你经过认真反思，你就会发现，这个举动的发生不知耗去了你多少的精力和时间，只是你自己没有注意而已。

不停地走，目的地就一定会越来越近

哈佛故事

有一位主人新买了一只小钟，并把它放在了原来的两只旧钟当中。

其中一只旧钟对小钟说："模样蛮漂亮的，可是我有点担心，你如果走完 3200 万次以后，还能不能再接着走下去。"

"天哪！ 3200 万次。"小钟听到这个天文数字，惊讶得差点就停摆，并且说："办不到，办不到。"

另一只旧钟说："别听他胡说八道。不用害怕，你只要按要求每秒'滴答'摆一下就行了。"

"天下哪有这样简单的事情。"小钟将信将疑。"如果这样，我就试试吧。"

小钟按要求上岗了，它按照人们的设计要求，忠诚地履行它的职责，每秒钟"滴答"摆一下，不知不觉地一年过去

了，它摆了 3200 万次。现在它几乎并没有感到丝毫的疲惫和不适，它相信自己会走完 32000 万次或更多。

阅后警言

每个人都希望梦想成真，但他不敢行动，这是因为他同时还有一种心理畏惧，这种畏惧让他把梦想看成是远在天边，遥不可及，让他怀疑自己的能力，放弃努力。其实，我们不必想以后的事，一年或一个月之后的事，只要想着今天我要做些什么，明天我该做些什么，然后去努力完成，就像那只钟表一样，每秒“滴答”摆一下，成功就会悄然而至。

可不可能取决于你做不做

哈佛故事

1485 年 5 月，哥伦布到西班牙去游说：“我从这儿向西也能到达东方，只要你们肯拿钱资助我。”当时，没有一个人阻止他，也没有人刺杀他，因为当时的人认为，从西班牙向西航行，不出 500 海里，就会掉进无尽的深渊，离富庶的东方会越来越远。

可是，在他第一次成功到达东方之后，第二次又要去的时候，不仅遇到了空前的阻力，而且还有人在大西洋上拦截，

并企图暗杀他。至于原因，非常明确，因为沿这条航线真的可以到达富庶的东方，他再去一回，那儿的黄金、玛瑙、翡翠、玉石、皮毛、香料，就会使他富比王侯，不可一世。

越是人们认为不可能的，做起来越顺当。这一道理，在哥伦布死后就被人遗忘了。直至500年后，在华尔街上才被一位名叫巴菲特的美国人发现。

1973年，全世界没有一个炒股的人会认为，曼图阿农场的股票能够复苏，甚至有人认为，曼图阿不出三个月就会宣告破产。然而，巴菲特不这样看，他认为，曼图阿农场能否复苏，完全遵守它们自身的规律，而不在于人们是怎样认定的，投不投资也完全取决行动。结果，在他以5美分的价格买入10000手之后，不到5年，他就赚了4700万美元。众所周知，现在巴菲特已是紧排比尔·盖茨之后的大富翁了。

哥伦布发现的那个道理，后来又被一个法国的小男孩所利用。这个小男孩7岁时，创办了一个专门提供玩具信息的网站。当时，没有一个人把他放在眼里，没有一家同类的公司视之为敌，也没有哪个行业会来找他签订行业约束条款。他们认为，那个网站只是一个孩子的游戏，成不了什么气候。

谁知结果却出人意料，这位小男孩不仅把网站做大了，而且在他10岁时，仅通过广告收入，就成了法国最年轻的百万富翁。

越是一般人认为不可能的事，越是有可能做到。这话确实很有道理。大家都认为不可能，必然谁也不去关注，谁也不去攻击，谁也不去设防；再者，不可能实现的事，一般都

没有竞争对手，第一个去做的人，其市场一片光明。

另外，一般人认为不可能的事，肯定是件十分困难，甚至是难以想象的事。因为太难，所以畏难；因为畏难，所以根本不去问津；不但自己不去问津，甚至认为别人也不会问津。

阅后警言

越是一般人认为不可能的事，越是有可能做到。不管它是不是真理，只要你去实践，去行动，总是不会错的。

一声问候，情况就不一样

哈佛故事

有一位出行的老先生坐上了芝加哥市南行的“151”号公共汽车，凭窗而望，芝加哥的冬日没有什么特别的景物可供欣赏，树木都光秃秃的，积雪也不是白皑皑的，而是泛黄的，汽车溅泼着污水泥浆前进。

公共汽车在风景区林肯公园里行驶了几公里，可是谁都没有朝窗外看。乘客们穿着厚墩墩的衣服在车上挤在一起：全都给单调的引擎声和车厢里滞闷的热空气弄得昏昏欲睡。

谁都不作声。这是在芝加哥搭车上班的人的由来以久的习

惯。虽然每天碰到的这位老先生大都已经熟悉，但大家都宁愿自己躲在报纸的后面。很明显：彼此在利用几页薄薄的报纸来保持距离。

当公共汽车驶近密歇根大道一排闪闪发光的摩天大厦时，突然有一个人说话了："注意！注意！"说话的人是开车的司机。听见说话声，只听报纸嘎嘎作响，人人伸长了脖颈。

这时司机接着说："我是你们的司机。"

此刻，车厢内鸦雀无声，人人都瞧着司机的后脑勺，他的声音很有威严。

"你们全都把报纸放下。"

报纸慢慢地被放了下来。司机在等着。乘客们把报纸摺好，放在大腿上。

"现在，你们都转过头去面对着坐在你旁边的人。"

令人惊讶的是，乘客们全都这样做了。但是，仍然没有一个人露出笑容，他们只是盲目地服从。

那位前面提到过的先生面对着一个年龄较大的妇人。她的头给红围巾包得紧紧的，他几乎每天都看见她。他们四目相视，目不转睛地等候司机的下一个命令。

"现在跟着我说……"那是一条以军官的语气喊出的命令："早安，朋友！"

所有的乘客都这么说了，但很不自然。对其中的许多人来说，这是他们在这种场合第一次开口说话。可是，他们像小学生那样，齐声对身旁的陌生人说了这四个字。

这位老先生情不自禁地微微一笑。他们松了一口气，知道这不是被绑架或抢劫。而且，他们还隐约地意识到，坐在这个车厢里所有人刹那间变得像亲人了，以往他们怕难为情，连基本的礼貌也不讲，现在这腼腆之情一扫而空。他们把要说的话说了，彼此间的界限消除了。“早安，朋友。”说起来一点也不困难。有些人随着又说了一遍，也有些人握手为礼，许多人都大笑起来。

司机没有再说什么。他已无须多说。没有一个人再拿起报纸。车厢里一片谈话声，你一言，我一语，热闹起来。大家开始都对这位古怪司机投以敬意，大家都听到了欢笑声，一种以前坐公共汽车从未听到过的充满温情与洋溢的声音。

阅后警言

沟通与交流既然是互动，总需要有一个人先主动开口，否则是交际不成的。而缺乏主动，这是许多人共同的毛病。比如，两个人之间的矛盾只需有一方面主动道歉或认错就可解决，但就是没有人主动，致使矛盾长期存在；当双方都有困难，只需一方先伸出手相助，困难也就会解决，有些人宁可承受困难，也不愿先伸手。记住，为人要主动和大度。

有些困难是想象出来的

哈佛故事

多年前，一场突然到来的巨大龙卷风横扫了多伦多北部一个叫巴里的城市。这场灾难造成许多人死亡，以及数百万美元的财产被毁。

遭受龙卷风的那个晚上，泰利米迪亚通信技术公司的副总裁泰姆卜莱顿刚好经过这里，目睹了这里的受灾情况。他认为必须利用电台为这些遭受苦难的人提供帮助。

随后，泰姆卜莱顿把泰利米迪亚的所有行政人员都召进了他的办公室。在一张活动挂图的顶部，他写了 2 个“3”。他对那些行政人员说：“从现在开始，你们愿意在 3 天之内为巴里的人们筹集 300 万美元吗？”房间里顿时鸦雀无声。

终于，有一个人说：“副总裁先生，您提出了一个让我们很为难的要求，无论如何也做不到！”

泰姆卜莱顿说：“等一下。我没有问你们是否能够做到，或者是否应该，而是问你们是否愿意。”

所有在职的人员说：“我们当然愿意。”

听了这个回答，他就在那 2 个“3”的下面写了一个大大的 T。他在 T 的一边写下“我们为什么做不到”，然后又在 T

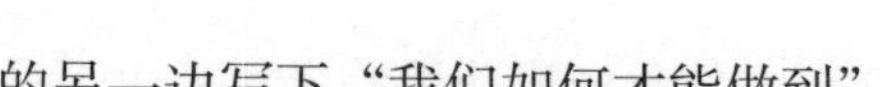

的另一边写下“我们如何才能做到”。

“我要在‘我们为什么做不到’这一边画上一个‘×’。我们不用浪费时间去考虑我们为什么做不到，那没有任何价值。我们要在T的这一边把我们‘如何才能做到’这件事的每一种方法都写下来。除非我们想出了解决这个问题的办法，否则我们就不离开这个房间。”

顿时整个房间里沉寂了下来。

过了一会儿，终于有人说：“我们可以在加拿大全境用无线电播放一个专题节目。”

泰姆卜莱顿说：“这是一个好主意。”然后就把它写了下来。他还没有写完，就有人说：“我们不可能在加拿大全境播放一个专题节目，因为我们的电台频率没有覆盖整个加拿大。”他说得非常对，这确实是一个客观存在的障碍，他们只在安大略省和魁北克省拥有电台。

泰姆卜莱顿回答道：“那是‘我们如何才能做到’的一个主意，我们先暂时把它放在这里。”不过，因为各个电台之间通常并不能够协调一致，甚至互相攻击，所以这确实是一个很大的障碍。

突然，有一个人说：“我们可以让加拿大广播公司里最有名气的人物柯克和罗宾逊来主持这个专题节目。”这真是一个具有创造力的建议。

3天后，他们就成功联系了多家电台，并策划了一次多家电台联合广播行动。在全加拿大，共有50家电台同意参与这个专题节目的联合广播，而且还成功地请到了柯克和罗宾逊主持了这个节目。他们在3个工作日内成功地筹集到了300万美元，并捐给了灾区。泰利米迪亚通信技术公司的这一义举也赢得了社会的广泛赞誉。

阅后警言

如果论及成功者与平凡者之间的差距，有许多并不是一方与另一方有永远不可及的距离，而存在的只是意念上的差距。同样做一件事成功者会信心十足，即使面临困难，也坚信能够战胜它，只要坚持目标，努力拼搏就没有达不到的；而平凡者的态度是：成功不容易，如果容易还不都是成功者了，他们把眼前的困难或暂时的困难都放大，自己为自己设置困难，而在别人成功之后，又不断地拍着大腿后悔。所以，生活中，面对困难要有克服困难的勇气和决心，不能自己想象困难来吓唬自己。

奇迹往往是由行动创造的

哈佛故事

凡是看过美国第16任总统林肯画像的人都认可，林肯的样子并不怎么好看，甚至有些丑，以致凡是与他打过照面的人都不禁要回过头再看他一眼。很可能大家都是这么想的：世

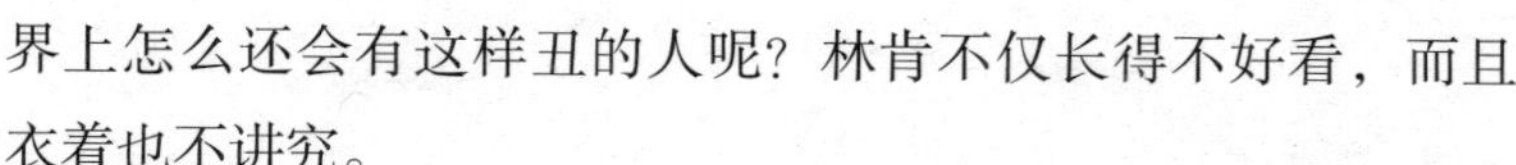

界上怎么还会有这样丑的人呢？林肯不仅长得不好看，而且衣着也不讲究。

窄窄的黑裤子，伞套似的上衣，加上高顶窄边的大礼帽，仿佛要故意衬托出他那瘦长条似的个子，走路姿势也不美，双手晃来荡去。

林肯是个乡下人，直到临终，虽然已经身任高职，但也不修边幅，仍然不穿外衣就去开门，不戴手套就去歌剧院，总是讲不得体的笑话，有时即使在公众场合也不言不语。无论在什么地方——法院、讲坛、国会、农庄，甚至他自己家里，他处处都显得不得其所。

23 岁时，他竞选议员失败；24 岁借钱经商破产；29 岁想成为州议会发言人没有成功；31 岁与 34 岁两次参加国会大选又都落选。他虽屡败屡战，但从不气馁。他在烛光、灯光和火光前读书，读得眼球在眼眶里越陷越深。眼看知识无涯，而自己所知有限，总是感觉沮丧。他填写国会议员履历，在教育项下填的是“有缺点”。

他不但出身贫贱，而且身世蒙羞，母亲是私生子，他一生都对这些缺点非常敏感。

没人出身比他更低；没人比他升得更高。

一个人有弱点并不可怕，只要他努力去补偿。林肯并不是用每一个长处抵每一个短处来求补偿，而是凭借睿智与情操，使自己凌驾于一切短处之上，置身于更高的境界。如在教育方面，他拼命自修来克服早期的障碍，这直接补偿了他知识方面的不足。

阅后警言

美国第16任总统林肯不能不说是一位伟大的人物，但对于他的出身没有人说不卑微。而就是这样一个来自乡下的卑微的人竟登上了总统的高位，这不能不说是一个奇迹。这足以证明，奇迹并不是在人们认为不可能产生的背景上就不能产生，奇迹的产生更是一种必然，是万事俱备后出现的必然结果，它往往是通过不懈的努力实现的。

早行动早改变

哈佛故事

萨迪尔是美国福利局的一位志愿者，一年，他到南方的乡村搞福利工作。他要做的就是让每个人都相信自己有自给自足的能力，还要激励他们去努力实现自己的梦想。

他来到一个名叫密阿多的小镇后，当地政府很快帮他召集来25个靠政府福利生活的穷人。萨迪尔向这些需要救济的人自我介绍后，开始对他们进行提问。

他提的第一个问题是："你们都有什么梦想？"

听到他的问题，每个人都不作声，全都用怪异的目光盯住他，好像当他是外星人。

“你问梦啊？我总做梦，但都是恶梦，赶也赶不走。”好一会儿，一个红鼻子的寡妇回答说。

萨迪尔向她解释说：“有梦想不是做梦。我想你们肯定都希望得到些什么，或者希望有什么事情能突然实现，我说的梦想指的是这些。”

但红鼻子寡妇却说：“我不知道你说的梦想是个什么东西。我现在倒是有想做的，就是赶走野兽，我担心它们总想闯进我的家咬我的孩子。”

寡妇的话把大家都逗笑了。

萨迪尔很严肃地说：“这是件要紧的事。可是，赶走野兽这件事该怎么做，你想过没有？”

红鼻子寡妇说：“我们家如果有一扇很牢固的门就可以了，这样我就能安心地出去干一些活了。”

萨迪尔接着又问：“这里有会做防兽门的人吗？”

“有。”人群中有一个有些秃顶的瘸腿男人举手说：“很多年以前我给自己做过门，蛮好的，但已经好几年不做了。不过我想，我还可以试一试。”

接下来，萨迪尔问大家还有哪些梦想。一位单亲妈妈接着说：“我早就想去大学里学文秘，愁的是没人能够照顾我的6个孩子，所以一直没去成。”

萨迪尔又问：“有谁能照顾这6个孩子呢？”

有一个孤寡老太太说：“我以前经常帮助别人带孩子挣些

外快，就是现在，也还可以带。我想我能带好那些可爱的小家伙儿的。”

问答告一段落。萨迪尔当场给那个秃顶男人一些钱，让他去买材料和工具。然后，让这些人各自回去了。

一个星期以后，萨迪尔又重新召集那些穷人座谈。他首先问那个红鼻子寡妇：“家里的防兽门装好了没有？”

红鼻子寡妇高兴地说：“装好了，我再也不用守在家里看护我的孩子了，我可以有更多的时间去做我的事了。”

接着，萨迪尔问秃顶男人有什么要说的。秃顶男人对萨迪尔说：“以前我只给自家做过防兽门，虽然做得也不够好，可也没出什么事，到后来也一直没有再做过。这次不同啊，这次我就想，一定要做好，结果真的就做好了。许多人看了还说我很了不起，能做出那么结实漂亮的门。”

见时机成熟，萨迪尔对面前这些需要帮助的穷人们说：“大家都听到了吧，这位先生的经历，应该说是个很好的例子。以前，你们有什么要求，不是不可能做到，而是你们根本没有行动起来。很多时候，不是因为我们自己没本事，而是因为我们不愿意去尝试，或者不想去努力，所以，使得我们想要的东西没有得到。”

5 年过去了，当萨迪尔再次来到密阿多小镇回访时，当年的那 25 个穷人中只剩下 6 个智力低下的残疾人还在靠政府福利生活，其余的 19 人都已经过上了自给自足的宽裕生活：红鼻子寡妇种植的咖啡收成很好；秃顶男人成了当地有名的巧木

匠；孤寡老太太还开了个托儿所；那个上完大学回来的单亲妈妈通过贷款竟开了一家很大的家具公司，已经吸收了许多需要帮助的人到她的公司就业。

阅后警言

俗话说：“天生我才必有用。”除了从心里就不想做事的懒惰之人，每个人都可以通过自己的劳动养活自己和家人，并为社会作出应有的贡献。特别是对一些有志于做出一番事业的人来说，绝对不要有自卑或不自信的心理。梦想终究是梦，只有行动起来，梦想才会成为现实。

天不愧人

哈佛故事

多年以前，在荷兰靠近北海有一个小渔村，全村人都以捕鱼为生，壮劳力常年在海上作业。而海况瞬息万变，海难随时都可发生，因此，为了应对突发的海难，村里人组织了一个自愿紧急救援队。

那是一个漆黑的夜晚，海面上乌云翻滚，狂风怒吼。来不及返航的一条渔船被海浪打翻了，船员的生命危在旦夕，

他们发出了SOS求救信号。救援队的队长收到了警报，火速召集自愿紧急救援队的成员，乘着划艇，冲入了汹涌的海浪中。忧心忡忡的村民们都聚集在海边，翘首眺望着云波翻卷的海面，他们每人都举着一柄提灯，为救援队照亮凶险四伏的归途。

一个小时之后，救援队的划艇冲破风浪向岸边驶来。渔民们悬着的心终于落地了，他们欢呼着上前去迎接，当救援队长清点人数时，发现漏掉了一个人！才把心放下的人们顿时不安起来，才落下的心又悬到了嗓子眼儿。救援队长急忙组织另一队自愿救援者前去搭救那个丢下的人。

16岁的汉斯自告奋勇地报了名。他的母亲抓住了他的胳膊，用颤抖的声音说："汉斯，你不要去。10年前，你的父亲就是在海难中丧生的；3个星期前你的哥哥保罗也出了海，可是到现在连一点消息也没有。孩子，你现在是我惟一的依靠了！求求你，千万不要去！"

看着母亲憔悴的面容和近乎乞求的眼神，汉斯心头一酸，泪水在眼中直打转，但是他强忍住没让它流下来，他对妈妈说："妈妈，我必须去！"他坚定地答道。"妈妈，您想想，如果我们每个人都说：'我不能去，让别人去吧！'那情况将会怎样呢？"汉斯张开双臂，紧紧地拥抱了一下他的母亲，然后义无反顾地登上了救援队的划艇，冲入无边无际的黑暗之中。

一小时过去了，两个小时过去了。这两个小时，对于汉斯的母亲来说，真是太漫长了。终于，救援船再次向岸边发出信号，返航了。航头的光亮已出现在人们的视野之中，只见汉斯站在船头向岸上眺望，救援队长把手握成喇叭状，向汉斯高声喊道："汉斯，找到了吗？"

汉斯高兴地大声回答："队长，我们找到啦！请您告诉我妈妈，我们还找到了我的哥哥——保罗！"

阅后警言

人们习惯将"善有善报、恶有恶报和天意"联系在一起，其实，这不是什么天意，而是自然界中真实存在的一种因果关系。它是由行动促成的一种必然结果，无论是好的结果还是不好的结果，离开了行动都是不存在的。因此，我们采取什么行动，除了义务和责任外，也要争取好的结果。

只要改变现状，就能看到新景象

哈佛故事

春天到了，一所学校里的小姑娘们都脱下了颜色略显单调的冬装，换上了五颜六色的新衣裳，惟有一个怀特街来的叫桑尼的小女孩还是穿着她那件又旧又脏的罩衫。她的老师注意到这件罩衫已经在她身上穿了整整一个冬天，难道说她只

有这一件外套?

看着这个穿着又旧又脏衣服的学生，这位深爱她的老师不禁叹了口气：“可怜的孩子啊！平时学习特别刻苦，又很懂礼貌，无论见了谁都是一副笑脸。只可惜，她被自己那蓬乱的头发和从来也不洗的脸遮住了光彩。”

这天，老师把桑尼叫到身边，对她说：“桑尼，明天早晨你离开家之前，仔细地洗一下脸，让老师看一下你漂亮的脸蛋好吗?”其实，老师早就注意到，桑尼是个很漂亮的孩子。

第二天，桑尼按照老师的要求真的洗干净了脸，还把头发打理得整整齐齐。她的改变甚至让几个小心眼儿的女同学看了心生妒嫉。

这天放学后，老师又对桑尼说：“今天回到家时，让妈妈把你的外套洗洗吧。穿上干净的衣服你美丽得一定会像一个小天使。”

可一连几天，桑尼没能按老师的要求去做，而是还穿着那件脏外套来上学。老师心想：也许她真的只有这一件外衣。

于是老师自己花钱买来了一套碎花的连衣裙，送给了桑尼。桑尼又惊又喜，但老师看得出来，桑尼接过裙子时有过一点犹豫，但最后还是没有战胜她的喜爱的心理，她抱着这份礼物，欢快地回家了。第二天，桑尼穿着这套美丽的连衣裙来上学了，她就像春天盛开的花朵一样美丽。

桑尼兴奋地对老师说：“妈妈早上看到我的样子时，嘴巴都快合不上了。爸爸一早就出门找工作了，晚上他才能看到

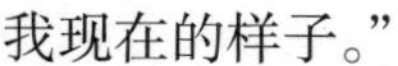

我现在的样子。”

晚上，当爸爸看到穿着漂亮裙子的女儿时，也不禁在心里暗暗说道：“没想到我的女儿会这么漂亮！”

当全家人吃晚饭时，爸爸忽然发现，餐桌上居然铺了桌布。这可是破天荒头一回！他不禁问妻子：“怎么想起用桌布了？”

“我们要尝试着变得干净一些，”妻子说，“我可不想让桌上的油污弄脏了咱们干净漂亮的小公主。”

晚饭后，妈妈开始收拾屋子，爸爸在旁边看了一会儿，不声不响地翻出了工具箱，修理后院的栅栏去了。到了第二天晚上，全家人又各显其能地在院子里建造了一个小花园。

两个星期后，周围的邻居发现了桑尼家的变化。不久，他们又开始动手整理自己那住了10多年都未曾修理过的房屋了。

渐渐地，这条街的变化引起了更多市民的注意。于是，有人开始向政府和社会呼吁：是时候帮帮这条既没有人行道也没有自来水的街区了，这里的居民境况如此之糟，可他们从来没有要改变的愿望，现在他们行动起来了，我们也要伸出援助之手，帮助他们用自己的双手改善生活。

半年后，怀特街发生了翻天覆地的变化。在政府和社会上的好心人的帮助下，这里整修了人行道，装上了路灯，每家每户的院子里都通了自来水。

在桑尼拥有了她的连衣裙的6个月后，怀特街已经是一个邻里和睦、街道整洁的社区了。所有听说了怀特街变化的人都管这叫“怀特街的奇迹”。

阅后警言

很多时候，我们被丑陋和落后缠绕着，外界也向我们投来鄙视的眼光，我们对此尽管十分厌恶，但也只是容忍和适从，那结果就是一代接一代的丑陋和落后下去。事实是，我们只要稍加改变，就会收到令人欣喜的结果，而要彻底地摆脱不利的地位和处境，就只有采取更加积极的行动。

只有行动才能创造辉煌

哈佛故事

在一条汹涌奔流的大河边上有一个由雨水积聚而成的池沼，一天，池沼对大河发问："你整天川流不息，一定累得要命吧！你一会儿背着沉重的大船，一会儿负着长长的水筏，小船小划子更不用说了，它们多得没有个穷尽。你什么时候才能躲开它们的骚扰，像我一样的安静和清闲一会儿呢？我真替你伤心。"大河回答它："你可别忘了这条法则，水只有流动才能保持新鲜。我之所以成就了伟大壮阔，就是因为我不躺在那儿做梦，而是川流不息。我的流淌源源不绝，又多又清，年复一年，给人们带来了幸福，为我赢得了光荣。或许我还要世世代代地川流不息下去，那时候，你的名字就不会有人知道了。”

约翰·亚当斯是一个厌倦读书的孩子，但他是一个善于领悟和喜欢行动的孩子。有一次他要求父亲不要再让他学拉丁语了。

父亲说：“可以，但是，你要去水田里挖几条沟，水田需要排水了。”

约翰本来就不大敢向他父亲提出不再学习拉丁语的要求，现在他更不敢拒绝父亲的这个命令了，因为他知道父亲是什么样的人。于是，他拿起铁锹，在水田里忙忙碌碌地干了一天。当他看到因堵塞而滞流的渠水欢快流淌的时候，他深受启发。那天晚上，他告诉父亲说他第二天要继续去学习拉丁语，父亲笑了。从此以后，约翰热切地投入到学习中去，还养成了认真对待任何事情的好习惯。结果，他成了美国独立战争时期的关键人物之一，并且在华盛顿之后成为第二任美国总统。

有位富人，他当年没有条件接受良好的教育和培养各方面的素养，但后来他白手起家，成就了一番事业，通过牺牲个人的舒适生活为孩子们留下了一大笔产业。但临终时，他忏悔道：“在他们的教育和职业训练方面，我花费的金钱与心血太少了，他们从来不知道缺钱花是什么滋味。本来，再没有人能像我的儿子们这样有条件成为正直而受人尊敬的人，但是结果又怎样呢？一个是推销员，却从不去主动与客户联系；一个自认为是作家，可是从不动笔，也没有一本书问世；第三个经商，可是从来不到自己的账房去看看经营情况如何。我苦口婆心地劝说他们要兢兢业业，要节俭，要积极上进，但是他们把我的话当成了耳边风。他们总是回答：‘没必要，爸爸，我们永远不会缺钱。您赚的钱足够我们几个花了。’”

阅后警言

生命在进取中怒放，事业在行动中蒸蒸日上，人类在行动中超越自我。没有行动，社会就无法进步，个人就无法实现自我。

凡事只要你做了就会起作用

哈佛故事

有一对父子，一同穿越沙漠。在经历了漫长的跋涉之后，他们带的食物和水都没有了，两个人都疲惫不堪，尤其是干渴难忍，每迈出一步都异常艰难。这时，父亲看到黄沙中埋着一只可能是先前从此走过的人留下的水壶。

父亲对儿子说：“把它捡起来，说不定以后会有用。”儿子很不屑地看了看那只水壶，对父亲说：“我们现在没有水，

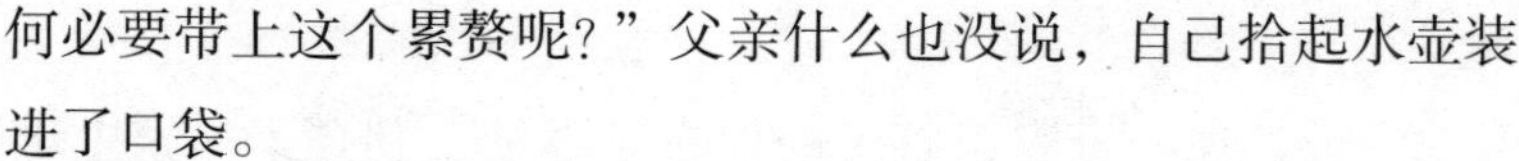

何必要带上这个累赘呢？”父亲什么也没说，自己拾起水壶装进了口袋。

在他们即将挺不过去的时候到达了一座城堡，父亲用那只水壶换了几串酸葡萄。当他们再次出发时，父亲拿出了酸葡萄，边走边吃，同时不断地有葡萄掉在地上，而儿子想吃他就要弯腰去捡。

阅后警言

在我们为自己的理想而奋斗的历程中，具有聪明的才智当然更好，但是没有也不用灰心，只要积极行动，现在就去做，你依然可以接近成功。遗憾的是，很多人现在都没有意识到这个问题，大事做不来，小事做不成，这样是做不成任何事的。

不妨先应承下来

哈佛故事

一位外乡人来纽约寻找工作，他骑着一辆旧自行车沿着陌生又数不尽的公路走了数日。他送过快递、替人割过草、在餐厅洗过碗……只要给一口饭吃，他就会暂时停下疲惫的脚步。

一天，在一家餐馆打工的他看见报纸上刊登了一家电讯公司的招聘启事。这位外乡人尽管受过高等教育，但有些担心自己的专业不对口，他于是就选择了线路监控员的职位去应聘。结果考核异常顺利，眼看他就要得到那个年薪3.5万美元的职位了，不想招聘主管却出人意料地问他："你有车吗？你会开车吗？我们这项工作需要时常外出，所以需要自备交通工具。"

现代的美国，没有车的人很少见，可这位外乡人初来乍到属于无车族。为了争取到这个极具诱惑力的工作，他不假思索地回答："有！会！"

"那好，4天后，开着你的车来上班。"主管说。

4天之内要买车、学车谈何容易，但为了眼下的这份工作，他豁出去了。他在朋友那里借了5000美元，从旧车市场买了一辆外表丑陋的"甲壳虫"。第一天他跟朋友学简单的驾驶技术；第二天在朋友屋后的那块大草坪上模拟练习；第三天歪歪斜斜地开着车上了公路；第四天他居然驾车去公司报到了。时至今日，他已是这家电讯公司的业务主管。

阅后警言

在现实生活中，无论我们要做成一件什么事情，要去从事一项什么样的工作，所有的主客观条件都不可能是全部具备的，而有时当一份我们急需又热爱的工作摆在面前，可又

六 意念影响成败

Chapter 6

意念是指一个人对所做及所要做的事所持的意志和信念。无数的事实证明，一个人不论他是做什么事或是打算做什么事，他能否做成或能否最终下决心去做，他所持的意念对此有重大影响。也就是说，一个人对做成某件事或打算做的事所持的意念是坚定的，那么，做成事以及下定决心的机率就会很大。而这里的主要原因就是，坚定的意念会让你更容易排除干扰，更能集中精力。

所谓的强者就是认准了就干的人

哈佛故事

波音公司的创始人威廉·爱德华·波音本是耶鲁大学工程学院的学生，但他中途辍学，为的是要建立他的木材王国。可当他观看过一场飞行表演后，他对飞机产生了浓厚的兴趣。但当时社会的主流界却认为飞机不过是专属于富人的一种昂贵的消遣，谁要投资发展航空事业简直是愚蠢之至。

然而波音却坚信自己的信念，毫不理会这些权威人士的论调，他在第一次仔细观察了一架飞机的构造之后便确信，如果自己和一位精通飞机构造原理的工程师合作，一定可以将当时的飞机改造成一种经济实用的交通工具。

波音做事的原则是：一旦下定决心就坚决做下去。正是凭着他实事求是的精神和坚定不移的态度，波音这位并非第一位制造商用飞机的人很快就爬上了飞机制造业的巅峰。

在波音开始造飞机的第十个年头，他对航运作为邮政运输的可行性进行了详细的研究，觉得替美国邮政运送信件会是一门赚钱的生意。他毅然决定参加“芝加哥与旧金山之间的邮件路线”的投标。为了中标，他把价钱压得不能再低了，以致许多人认为他的公司即使中标也必定会因成本增长而倒

闭，就连邮政当局也对此很担心，为了以防万一，要求他先缴纳一定的保证金才肯签约。

其实波音早就对成本问题进行过预测：只要飞机机身越轻，载货量也就越多，因而，成本就会降低。

事实证明，波音的决策非常成功，公司不久后便开始盈利，很快，他把业务扩大到载运乘客。波音说："我希望周遭的人们能从我所从事的这项崭新的事业上，看到我'无坚不摧'的信念。"

航空工业在第一次世界大战后空前的不景气，但他深信航空工业终究会蓬勃发展起来的。面对目前的危机，为了维持航空事业，波音暂时将家族木材事业转为制造家具，还不断地投入自家资金来负担他的几个主要工程师和研发的费用。波音等待着东山再起的那一天。波音除了实事求是地支持自己的意见之外，他还是一个完美主义者，有人开玩笑说，就连他钓鱼也都要每天刮胡子。他经常到工厂视察，如果成品有瑕疵或遇到不认真干活儿的工人，波音会毫不留情地痛斥。有一次，他想卖一架飞机模型给法国海军，却因为模型上的一条钢索稍有磨损，而当场开除了一名工人。还有一次，一位家具工人用了一块只是外观上看有一个小缺口的木板，工人认为并不影响使用，但波音却当众将那块木板折断，这树立了他坚持完美的工作作风。

波音经常说的一句话是："只要你的方向正确，即使现在有困难，我也会支持到底。"

信念决定着你所从事的事业的成败，无论做什么事，我们对待它的信念会指引着事情的发展方向。对成功抱有毫不迟疑的态度则是迈向成功必不可少的因素，它让你在工作中能专心致志、热情倍增，让你在成功的路上如有神助。信念决定你做事的力度，力度决定做事的成效。所以，如果你想成功，就一定要对所从事的事业抱有坚定的信念。

修行的真谛在心里

哈佛故事

在日本有一位剑道高手，他出身剑道世家，可在他年轻时因颇善剑道的父亲瘫卧在床对他只能言传不能身教，因而他只能千里迢迢去参访名师。有一位剑道大师看他是位可造之才，就收留了他。但告诉他："学剑道，不是那么容易的事，要吃得了苦，耐得住时间。"年轻人听了，心急地问："吃苦我不怕，但我想知道我必须用多久的时间才能学到剑道的精粹？"

老师说："学无止境，需要一辈子。"年轻人听了很急，说："我父亲希望我早日有成，我怎能一辈子都在这学习？"

老师说："那就10年吧。"年轻人觉得还是太久了，要求更快一点，老师却说："那得30年吧。""这可不成，"年轻人说："只要能让我3年学成，你要我做什么，我都愿意。"

老师说道："急性子是学不成剑道的，你只有请回了。"他知道再也没得商量，看样子，老师说的是真的，于是，他决定留下，一定要学成才回去，老师说多久就多久吧。

从那时起，他按着老师的吩咐每天捡柴、挑水、煮饭、扫地，3年过去了，老师还从未教过他剑术。有一天，他悲伤起来，因为3年没有见到父母，且学剑道也一事无成。正伤感，他忽觉得背后有一股冷风袭来，原来是老师拿着木剑，从他的背后突然打过来，他被打得眼冒金星却不知为什么，此后的第二天、第三天、第四天……乃至以后每一天都是如此，不知道老师会从哪里突然出现，为了躲避老师的突然袭击，他每时每刻都要保持高度的警惕。时间长了，背后有一只蚊子飞过他都能觉察到，从而使他的身心变得异然敏捷。

这样，又过了一年的时间，老师郑重告诉他："你的基本功已经练成，从今天起，我教你手上的功夫。"从那天开始，他天天和老师学剑道。

又过了两年，他的剑道精粹入微，出神入化，最终成为日本有名的剑道大家。

阅后警言

每一项绝技的掌握，表面看是一种形式和姿态，但真谛却在心里，因此要学习任何技能都不可急功近利，而要从生

活的点滴开始，用心去领会培养耐心、信心，然后要保证每天都有一点突破。也许成功没有什么大道理，只有五个字：凡事多用心。

人不可能完成连本身都心存顾忌的事

哈佛故事

瓦伦达是美国著名的高空走钢索的表演者，在一次本属于惯常的表演中，不幸失足身亡。他的妻子事后说，我知道这一次一定要出事，因为他上场前一直不停地说，这次的表演太重要了，不能失败，绝不能失败；而以前每次成功的表演，他只想着走钢索这件事，而不去管这件事可能带来的其他结果。后来，人们就把专心致志做某事而不去管这件事的意义，不患得患失的心态叫做“瓦伦达心态”。

哈佛大学的一项研究也表明，人的大脑里的某一图像会像实际情况那样刺激人的神经系统。比如当一个高尔夫球手击球前一再告诉自己“不要把球打进水里”时，他的大脑里往往就会出现“球掉进水里”的情景，而结果往往事与愿违，球反而会掉进水里。这项研究从另一个方面证实了瓦伦达心态。

阅后警言

一个人在做他认为是一件非常重要的事情时，一般都会极度担心。比如，你去车站接一位客人，并和雇好的司机商定好了时间和价格，你可能最怕火车晚点，结果火车真的会晚点。又比如，你约请女友吃饭，菜已点好了，这时你会担心她可不能不来，结果电话来了，她的单位有重要工作需要加班，不能如时赴约了。这些事看上去是偶然，但其实与自己的心是有很大关联的。所以，人在做事前不要花费心思去胡猜乱想，要稳住心神，许多事就都会如愿以偿。

对于认定的事，无论输赢都无关紧要

哈佛故事

杰克参加纽约市的演讲比赛，最终没能进入决赛。他回到家里爸爸问他："今天的预赛你是输了还是没有赢？"

对于父亲这样的问话，杰克不解地说："输了和没有赢这有什么分别？"

爸爸没有回答他的问题，只是接着问他："下星期在史泰登岛的另一场比赛，你还打算参加吗？"

杰克十分坚决地说："当然要！"

爸爸说："那么，你今天只是没有赢，而不是输了！你刚

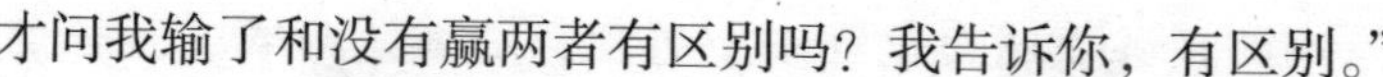

才问我输了和没有赢两者有区别吗？我告诉你，有区别。”

“一个输了的人，如果继续努力，打算赢回来，那么他今天的输，就不是真输，而是‘没有赢’。相反，如果他失去了再战斗的勇气，那就是真输了！”

海明威的名著《老人与海》里面有这样一句话：“英雄可以被毁灭，但是不能被击败。”

尼采说过这样一句名言：“受苦的人，没有悲观的权利。”

英雄的肉体可以被毁灭，但是精神和斗志不能被击败。受苦的人，因为要克服困境，所以不但不能悲观，而且要比别人更积极！

据说，一个想徒步穿过沙漠的人，惟一可能让他走出的办法，是等在夜晚以最快的速度走到有阴庇的地方再休息，中途不论多么疲劳也不能停下，否则第二天烈日升起，加上沙上炙人的辐射，只有死路一条。

在冰天雪地中游走的人也都知道，凡是在中途停下来喘气歇脚的，必然会很快死亡。因为当他不动时，他的体温会迅速降低，跟着就会被冻死。

在人生的战场上，我们不但要有跌倒之后再爬起来的毅力，也还要有遭受挫折毫不气馁的勇气，不准许自己悲观。表面上看是失利了，但这只是暂时的！

阅后警言

在生活中，不管做什么，失败和失利都不可怕，可怕的是，没有坚强的信念，对事情的成败缺少应有的正确态度。

我们做事必须首先明白这样一个道理，输赢是形式，最佳的结果才是本质。

现实也是暂时的

哈佛故事

在西方有一个古老的王国，一天，王后为国王添了一个漂亮的王子。在孩子洗礼的那一天，有12个仙女受上帝的派遣前来祝贺，每一个仙女都带来了一份礼物：第一个仙女带来的礼物是智慧，国王很高兴地收下了；第二个仙女带来的是珍宝，国王同样高兴地收下了；第三个带来的是力量；第四个带来的是财富；第五个带来的是英俊；第六个带来的是情感；第七个带来的是健康；第八个带来的是朋友；第九个带来的是爱情；第十个带来的是知识；第十一个带来的是关怀。对于她们带来的礼物，国王都十分高兴地收下了，并向每人也都回赠了一份王国的宝贝。但是第十二个仙女向国王拿出要献的礼物时，国王愣住了，因为她带来的礼物是不满。国王想，我的儿子什么都不缺少，要什么有什么，怎么能够让他有不满呢？他毫不犹豫地拒绝了第十二个仙女的礼物，国王也没有回赠这个仙女任何礼物。

随着岁月的流逝，王子渐渐长大了，且身上同时具有十一种宝贵的资本，这让他近似完美，于是他很是自负，甚至他对他国家中已经出现的贪官污吏、灾荒和国库欠亏，且还面临着外族入侵，都不以为然，以致国内没有一个人想着改革创新，从来都不想着励精图治。久而久之，因为他每一天都在志得意满的状态中，大臣们也都变得不思进取，他的国家衰落了、穷困了，很快被邻国吞并。

在他的国家被消灭的时候，老国王还没有死。面对灾难，他幡然醒悟，原因是他把上帝送给儿子的最珍贵的礼物拒绝了，“不满”这个礼物对儿子来说才是最珍贵的。

阅后警言

人在任何时候都要有危机感，无论是在得意的时候，还是在失意的时候。因为按照客观规律来讲，一切事物都是处于运动状态的，无论是好是坏，一切现状都会过去的，被未来所替代。当然，替代难免有好的变成坏的的现象出现，但是如果我们对此有危机感的话，提前预防，虽然保证不了一定会变好，但至少不会坐以待毙。

敢于尝试

哈佛故事

欧内斯特·卢瑟福是20世纪最伟大的实验物理学家，他在放射性和原子结构方面作出了巨大贡献，于1908年获得诺贝尔奖，被称为“近现原子核物理学之父”。而卢瑟福的成功多源于他父亲带给他的影响。

卢瑟福的父亲是一个极普通的农民，但惟一不普通的是，他父亲是个喜欢动脑筋，非常勤奋又富有挑战和尝试新举措的人。他父亲开办亚麻厂时，就曾试验用几种不同的方法浸渍亚麻，利用水力驱动机器，选用本地的优良品种，结果他的产品在当时同类产品中，被认为是新西兰最好的一类。他还尝试设计一些装置来提高工厂的工作效率。

卢瑟福的父亲也非常注意鼓励卢瑟福自己动脑筋，在父亲的不断引导和潜移默化的影响下，卢瑟福从小就喜欢动手、动脑，与同龄小朋友相比，表现出了一定的创造天赋。

在卢瑟福家里有一个老挂钟，已经非常旧了，经常停。家人之所以没有拿去修理，是因为它的零部件都已到了寿命，没有办法再修，几次想将它扔掉。但卢瑟福却暗中打定主意要把这个钟修好，所以，无论大人怎样说，他就是不肯将这个钟丢掉。他将旧钟拆开，检查里面所有的零件，找出钟停

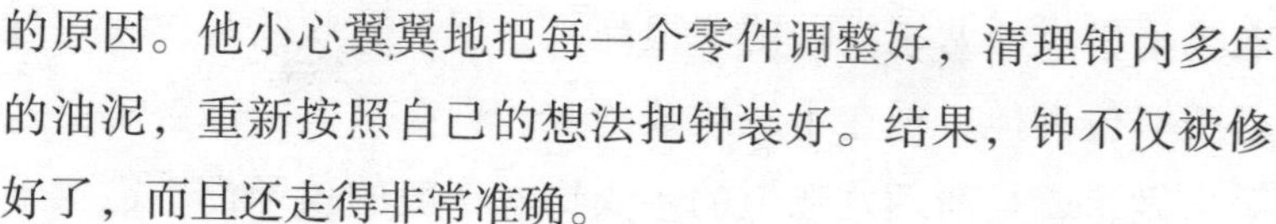
的原因。他小心翼翼地把每一个零件调整好，清理钟内多年的油泥，重新按照自己的想法把钟装好。结果，钟不仅被修好了，而且还走得非常准确。

卢瑟福在获得诺贝尔奖之后接受采访时表示，他童年的这些尝试、冒险，就是今天所取得的科学成就的基础。成就的根源就在于敢想，并且敢于尝试。

阅后警言

曾有专家在对大量的成功人士做过分析而得出一个结论：大多数的成功者具有敢于尝试前人没有做过的事的勇气。对自己从未做过的事，甚至对别人也从未做过的事进行尝试，并不是一件简单的事，对没有风险，没有投入的事，有的人可能能做，但需要冒风险，可能要交学费，甚至可能受到挫折和损失的尝试，还有人愿意去做吗？尝试是勇敢者的游戏，是成功者成功的开始。

态度影响高度

哈佛故事

小男孩博萨少年时期一直生活在南达科他州爷爷的农场里。暑假，爷爷告诉他，如果你想要额外的零用钱，可以在

农场里做点活儿来换。博萨很高兴，但他喜欢骑马放牧。可是爷爷告诉他，现在不缺放牧的人，现在只有一件事需要人手来做，就是清理牧场上的牛粪饼。一般的孩子都不愿意干这样的活儿，博萨虽然不情愿，但他清楚要得到零花钱就必须干。他不但做了，还做得很好。

一段时间后，博萨的祖母来学校接他回家，对他说："博萨啊，因为你暑假里做得很出色，这回爷爷答应你去放牧了。"这是博萨在工作上得到的第一次提升，他开心极了。一个小小的信念也因此在他心中生根发芽。

后来，博萨得到了在肉铺帮工的工作，每星期挣1美元。这活儿又脏，味道也很恶心，但是他的想法很简单：先做好，一定会得到提升的，然后就能摆脱这份工作了。后来，博萨不断地变换工作，但都始终抱定一个态度，干好它，然后就可得到一个更好的工作。果然，再后来他成了年薪150多万美元的首席执行官。再后来，博萨开始掌控全美读者最具影响力的报纸——《今日美国》。

提起童年的生涯，博萨感叹说："即使你干的是一件恶心的事儿，只要你认真干下去，而且尽量干好，你十有八九会得到提升，以后就不用再干那样的活儿了，这比当个无用的人，无所作为地混下去强得多。"

阅后警言

在多数人的身上都存在着崇拜名人的情结，但却不知道如何诠释名人的成长轨迹。据专业人员考证，多数名人、伟人都是从平凡做起的，他们几乎都具有相同的特征：敬业，甘于奉献，肯吃苦耐劳，不计名利。可以肯定地说，离开了这些崇高的思想，任何名人和伟人都是不存在的。

人生最大的遗憾是走错路

哈佛故事

在泰晤士河畔，英国国会大厦的西南侧，耸立着英国最古老的建筑物——威斯敏斯特教堂。这里长眠着从亨利三世到乔治二世等20多位国王，憩息着牛顿，哈代、狄更斯、达尔文、吉卜林这些享誉世界的巨人，还有在第二次世界大战“不列颠之战”中牺牲的皇家空军将士。

在教堂一个不显眼的角落，树立着一块看不出有什么不凡的石碑，上面刻着的碑文让无数的人看了都无不重新审视自己的信念。碑上刻着这样的文字：

当我年轻的时候，我无法掌控自己的想象，我梦想改变这个世界；当我成熟以后，我发现我不能够改变这个世界，我让理想更加现实一些，于是我决定只改变我的国家；当我进入暮年以后，我发现我不能够改变我的国家，我不得不把最后的愿望放在改变我的家庭，然而，这似乎也不可能……

现在，我已经躺在床上，就连有一点要改变什么的想法

都已无法做到了，这时我突然意识到：如果一开始我就首先改变自己，然后，作为一个榜样，我可能改变我的家庭；在家人的帮助和鼓励下，我可能为国家做一些重要的事情；就在我为国家服务的时候，我或许能因为某些意想不到的行为，改变整个世界……

几乎每一个参观威斯敏斯特教堂的人，都会仔细地阅读这块碑文，因为所有来到这个世界上的人，开始可能都有与碑文上述说的那个人有着相同的经历，所以这段碑文可以给许多人带来启示。

阅后警言

当一个人长到能独立做事的时候，首先要做的应该是，认认真真、仔仔细细地审视一下自己，认识一下自己是一个什么样的人，有哪些特长，适合做什么，通过修炼和培养可以在哪些方面发挥出最大的潜能，这样就不会浪费掉自己的才智，也不会给社会造成不应有的损耗，人生最大的遗憾就是盲目行路。

只有不断进取才会不断收获

哈佛故事

亨利·威尔逊一直被美国史学家们认为是美国历史上最伟大的副总统之一，而他的奋斗历程，也正是为世人所敬仰的原因。威尔逊出生在马萨诸塞州一个偏远贫困的小村庄，由于家庭条件不好，加之兄妹众多，当他还在襁褓之中就已尝到了贫困的苦果。

在他10岁那年，父母实在没有办法维持几个孩子的温饱，只得让小威尔逊外出去农场当学徒工。虽然工作艰苦，收入微薄，但好歹可以混口饱饭，每年还能在学校接受1个月的教育。

这样的生活一直持续了11年。在这11年里，他经常利用业余时间跑到十几里外的镇上借阅图书。他完全靠着自学读完了千余本书，这对于一个没有任何社会背景的穷孩子来说，可见其心胸不凡。

在威尔逊21岁那年，他结束了学徒生涯。作为报酬，他得到了6只绵羊和1头牛。他用它们换了84美元。带着这些钱，他决定徒步到100英里外的内蒂克去学习皮匠手艺，因为他知道赚钱的艰辛，所以他从没在娱乐上浪费过1分钱。他在

去往内蒂克的途中顺路到了波士顿，并游览了邦克·希尔纪念碑和其他一些历史名胜，这让他增加了不少人文和历史知识。

在这之后，他又在伐木场找到了一份新工作——在人迹罕至的森林中采伐树木。每天，威尔逊都是赶在太阳出来之前便早早起床，然后一直在森林中辛勤工作到月亮爬上树梢为止。如此辛苦的工作，让他在 1 个月后获得了 6 美元的酬劳。

应该说，威尔逊的整个青年时代都是在不断地学习和辛勤地工作中度过的，尽管岁月艰辛，但他从未在困境中懈怠过，也从未退缩过，反而因为苦难的生活更坚定了他出人头地的决心。没有人比他更能深刻地理解勤奋的珍贵，他从来不让任何一个增加知识或提高能力的机会溜走。他像计算他兜里的美分那样精打细算地利用好所有零星的时间，不让一分一秒从指缝间白白流逝。

就这样，凭着过人的毅力和卓越的才华，12 年后，他终于在政坛脱颖而出，并进入国会，成为美国历史上为数不多的贫民副总统。

阅后警言

伟人与凡人之间并无本质上的差别，他们之所以在有限的生命里或在开启人们的思想方面作出了突出贡献，或在为人类创造物质文明方面成就突出，这在很大程度上要归功于他们对事业的不懈努力。离开了勤奋与进取，不管什么人都成不了伟人或名人。

努力了就会有回报

哈佛故事

有一个农夫驾着一辆满载干草的马车走在乡间的路上，当他聚精会神地在想一件事时，马离开了正路把车陷进了泥坑里，在旷野上，他找不到一个前来帮忙的人。

这让农夫大为恼火，他骂泥坑，不断地鞭打马，一会儿又骂车子和自己。无奈之中，他乞求起大力神来了。

“尊敬的大力神，”车夫恳求道，“请您帮帮忙，把我的车从泥坑中推出来吧。”

他祈祷完，大力神还真回话了，他让车夫先自己想想办法，然后才会给予帮助。他让车夫先看看困在泥坑里究竟是什么原因？为什么会陷入泥坑？拿起锄头铲除车轮周围的泥浆和烂泥，把石子垫进去，把车辙填平，不自己尝试一下怎么行呢？

过了一会儿，大力神问车夫：“你干完了吗？”

“是的，干完了。”车夫说。

“那很好，我来帮你。”大力神说，“拿起你的鞭子。”

“吆喝一下你的马，让它使劲，怎么样了？”这时车夫说：“我的车出来了，上正道了，走得很轻松！多谢了，大力神！”

这时大力神发话说："你瞧，你的马车很顺利就离开了泥坑。遇到困难，要先自己动脑筋想办法解决，老天才会帮你。"

车夫说："记住了。"

阅后警言

在现实中，有许多人遇到了困难和问题，不是自己去寻求解决的方法而是习惯于找别人去帮忙，因为他们不相信自己的能力。其实，在任何时候都要清楚这一点：凡是发生在自己身上的事，主要是要靠自己来解决，每个人都有独立性，也具有独立解决问题的能力。如果一个人遇到困难后不得不找人帮助解决和料理的话，那他所做的事也一定不是自己的事，而是多数人的事。

和现实贴近的理想更易于实现

哈佛故事

在一堂兴趣课上，同学们都在热烈地讨论着自己的梦想：有的想当总统，有的想当州长，有的想当企业家。总之，他们所谈的理想都是令人敬慕的。

这时候，有一个叫史莱德的学生站起来大声地对老师说：

“我的汉语成绩要在全校考第一。”这时，有人在下面小声嘀咕：“能做到吗？”

回到家里，史莱德把这个理想告诉了父亲，一副信心十足的样子。这个时候，父亲也非常乐意做个忠实的听众，跟孩子一起分享他对未来的憧憬。听着听着，父亲最后也赞同了。

有一次，史莱德的汉语只考了D，回家后他不敢把这个成绩对父亲说，父亲知道后并没有责备他。但是，在很长一段时间里，他不再谈论自己的那个理想了。

看见儿子背上了包袱，每天睡觉前，父亲就有意无意地和儿子谈彼此的梦想。父亲告诉儿子：“爸爸、妈妈都特别赞成你做的这个选择，既现实又可行，也相信你一定会实现自己的梦想。”有一天，史莱德对父亲说：“我一定要把汉语学好，将来到中国经商去。”

后来，父亲给他买来汉语课外读物，经常跟他一起阅读，并鼓励他每天用汉语写一篇短小的作文，他坚持了一段时间后，史莱德的期末汉语考试竟得了A。

阅后警言

人生能可没有理想，没有理想的人活不出激情。但一个人确立自己的理想的时候，不能超出自己的才能和现实要求，只要目标定得合理，再加上自己契而不舍的努力，绝大多数的目标都是能够实现的。

坚定信心，迎难而上

哈佛故事

几年前，刚刚厌弃了做生意的爱丽丝与书商签订合同为对方写一本书。这之前，她虽没写过书，但写过经商日志，这本书她有 6 个月的写作时间，所以，在这半年的写作日程表上，她每天都在日志上写上“写书”两个字。

但是半年很快就过去了，可她要写的书连个提纲还都没有。这样，书商只好再给她 3 个月的时间。但就在这 3 个月的时间内，爱丽丝的工作日志上仍然天天写着“写书”两个字，但书却仍然没有写出来。

最后，书商无可奈何地又给了她 3 个月时间，并提醒她这次要是再写不出来，合同就作废了，而且她还要因此承担一定的违约责任。直到这时，爱丽丝才知道着急：“这可怎么办呢？”

幸运的是，爱丽丝这时遇到了《服务于美国》一书的作者卡尔·阿尔布雷希特，他给了爱丽丝一些指点：要化整为零。阿尔布雷希特问爱丽丝：“你总共要写多少页书？”

爱丽丝说：“180 页。”

阿尔布雷希特又问：“你总共有多少写作时间？”

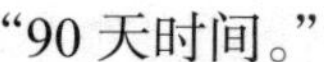

“90 天时间。”

于是阿尔布雷希特告诉她说：“这就更简单了，只要你在工作日志上写上‘今天写两页’就行了。”

从此，爱丽丝每天写两页，有时灵感来了可写四五页。即使少，她也能至少会写出两页来。就这样，在阿尔布雷希特的指导下，爱丽丝仅用一个月的时间就写出了这本书。

阅后警言

在一个人确定要做一件事时，可以肯定地说，结果如何，他是极为关注的，且当事人是可以大致预测出大概结果的，因为事情的成败多数取决于做事者的做事意念。如果做不好，只能由自己负责。

只想要更好的结果

哈佛故事

有一个在事业上很失意的人去拜会一位事业上颇有成就的朋友，闲聊中他们谈起了命运。

失意的朋友问成功的朋友说：“为什么你的命运这么好，而我的命运却这么差？告诉我，是什么在主宰命运？”

朋友没有直接回答他的问题，而是笑着抓起他的左手，说不妨先看看他的手相，帮他算算命。然后告诉他哪条是生命线，哪条是爱情线、事业线。说完，成功的朋友让他把手伸好，照他的样子做一个动作。

朋友的动作是：举起左手，慢慢地且越来越紧地握起拳头。

完成动作后，朋友问："握紧了没有？"这位失意的朋友说："握紧啦，你要知道什么呀？"这时朋友问他："我刚才给你讲的命运线在哪里？"失意者下意识地回答："在我的手里呀。"朋友继续追问："现在你告诉我，命运在哪里？"失意者恍然大悟——命运在自己的手里！朋友很平静地继续说道："其实，每个人的命运在自己的手里，而不由别人左右。当然，你再看看你自己的拳头，你还会发现你的生命线有一部分还留在外面，没有被握住，它又能给我们什么启示？命运绝大部分掌握在自己手里，但还有一部分掌握在'上天'手里。古往今来，凡成大业者，'奋斗'的意义就在于其用一生的努力去争取。"

你掌握了自己的命运，就可以按照自己的意愿行事，你的成功就有了精神上的保证。

阅后警言

一个把命运交给别人的人，自然就没有自己的想法、自己的目标，这样就不会有奋斗的方向。一个人只有把命运掌握在自己手里，才能做自己命运的主人。

功夫不负有心人

哈佛故事

有一次，在由纽约市人才市场组织的一次成功者讲座上，一位听讲者向正在讲演的一位著名律师请教问题，问他怎样才能成为一个优秀的律师。

那位律师说："咱们先别着急讨论这个问题，让我先给你讲一个故事。我有两个很好的朋友，他们在学校时学的都是法律专业，一个毕业以后去了律师事务所，而另外一个则选择继续深造。他们毕业的时候，都是二十几岁，转眼 5 年过去了，那个参加工作的朋友在律师界已经立足，而继续深造的那一个同学也结束了学习生涯，跨入了律师的行业。现在 10 年的时间过去了，这位成为律师的同学已经和做了 12 年律师的另一位同学做得一样好，一样有名。可是现在，后者由于深造，其积累的知识大有用武之地，业务越做越大；而前者却由于知识缺乏，驻足不前，跟不上时代的潮流而日渐沉寂。现在不用我说，你们大家都知道如何做一个优秀的律师了吧？"

事实证明：凡是成功者都是能耐住眼前利益的诱惑，勇于坚持的人；而失败者多是急功近利者。这两种人，用一个简单的实验就可以把他们区分开来：假如在他们饥饿的时候，给他们同样的一碗小麦，一种人会首先留下一部分用于播种，然后再考虑眼前；而另一种人则会急于把小麦全部磨成面，做成馒头吃掉。

我们每个人都想做一个成功的人、优秀的人，只不过在美食的引诱下，失去了忍耐。成功是要讲究储备的，仓库里的东西越充足，成功的机会就越大，也才可能走得更远。成功的路是遥远与艰辛的，而每一个失败者也都曾是一个在起点上充满信心、立志成功的人，对目标有无限的憧憬。刚吃下的馒头固然可以令他们在启程以后跑得飞快，不过吃了眼前的，恐怕下一顿就没指望了。成功的路途是遥远的，需要有后劲，只顾眼前不顾长远，我们就没有后续的支持，很可能过早地凋谢。

阅后警言

人生的成功之路更像一场马拉松赛跑而不是百米冲刺，前 100 米领先者不一定就是最后的胜利者，甚至都不可能跑完全程。在这遥远的征途上，基础的积累将会起到决定性的作用。

积聚力量更强大

哈佛故事

《圣经·旧约》中提到这样一个故事，有一个巨人总是欺负村里的孩子。一天，一个17岁的牧羊男孩来看望他的兄弟姐妹。他问他们："为什么你们不起来和巨人斗呢？"他的兄弟们都早已被凶恶的巨人吓坏了，他们告诉他说："难道你没看见他那么大，我们怎么和他斗啊，他不找我们麻烦就已经是万幸了。"但这个男孩却说："不，他不是太大打不了，而是太大逃不了。"后来，这个男孩根据巨人的特点，经过长时间的准备，终于设计出一个投石器，杀死了巨人。

这个故事中的小男孩没有像他的兄弟姐妹一样一味地肯定巨人的长处，而是善于奋起抗争；小男孩没有看不起自己的矮小，力量微弱，而是看到了自己的聪明和灵活。其实，有很多时候并不是老天不公平，不让我们在生活中有所作为，而是我们在困难和压迫面前不知改变，更缺少行动，那样又怎能改变眼下不利的局面呢？

来自哈佛大学的一项研究发现，一个人若得到一份工作，85%取决于他的态度，而只有15%取决于他的智力和其所知道的事实与数字。

既然态度如此重要，那为什么不让自己的态度积极一点呢？保持积极的态度，认真投入，不仅可以超越自我，而且容易成功。在没有绝对优势可言时，比别人多投入一些，积极一些，耐心一些，这就是优势，而且还可以创造出更多的优势。

阅后警言

当面对比自己强的对手时，或自己对某些事物产生不解的时候，你需要做的是：不自卑、不消沉，要自强、自重，相信不断地充实自己，自己也一定会变得无比强大。

成功是对坚持不懈的奖赏

哈佛故事

常言说“天道酬勤”，而实际上这是一种水到渠成，不是神也不是人的意志，是一种必然的现实。

法国著名的短篇小说作家莫泊桑在 13 岁那年考入了里昂中学，他的老师是当时一位著名的巴那斯派诗人。

老师在学校里发现莫泊桑经常写诗，便把他的练习本拿去翻阅。练习本上有这样几句诗：“人的生命，有如船在海上驶过的水痕，慢慢地远，慢慢地淡。”这几句诗多少表现了消极情绪，但有诗意，文句也很优美。老师觉得他有写诗的才能，便不断引导他，启发他。为了更好地培养他，老师决定让福楼拜来帮助他，莫泊桑也有这样的渴望。

当时，福楼拜早已是世界闻名的作家，在法国享有崇高的声誉。他看了看莫泊桑的作品，对他说：“孩子，当作家不但要了解现实，也需要一些才气，我不知道你有没有才气。在你带给我的东西里表明你有些聪明，但是，你永远不要忘记，才气就是坚持不懈，你得好好努力呀！”

莫泊桑点点头，把福楼拜的话牢牢记在心里。

福楼拜想考一考莫泊桑的观察能力和语言功底。一天，福楼拜带莫泊桑去看一家杂货铺，回来后要莫泊桑写一篇文章，要求所写的货商必须是杂货铺的那个货商，所写的事物只能用一个名词来称呼，只能用一个动词来表达，只能用一个形容词来描绘，并且所用的词，应是别人没有用过甚至是还没有被人发现的。

莫泊桑严格按照老师的要求去做，他写了改，改了写，反反复复，直到老师露出满意的笑容……

在福楼拜的严格要求下，莫泊桑的学业进步飞快。后来，他开始能写剧本和小说了，写完就请福楼拜指点，福楼拜总是指出一大堆缺点。莫泊桑修改后要寄出发表，但是福楼拜总是不同意，并且告诉他，不成熟的作品，不要在刊物上发表。

刚开始，莫泊桑谨遵师命，老师不点头，他就把文稿放在柜子里再写新的。慢慢地，柜子里堆起来的文稿竟有一人多高，莫泊桑开始怀疑：老师是不是在有意压制自己？

一天，莫泊桑心里很烦闷，就一个人到果园去散心。他走到一棵小苹果树跟前，虽然小苹果树结的果子不多，但嫩嫩的枝条被压得贴到了地面；再看看两旁的大苹果树，树上虽然也果实累累，但枝条却硬朗朗地支撑着。这给了他一个启示：一个人在"枝干"未硬朗之前，不宜过早地开花结果；而根深叶茂后，是不愁结不出丰硕的果实的。从此，他更加虚心地向老师学习，决心使自己根深叶茂起来。

1880 年，莫泊桑已经 30 岁了，可是他在文坛上还是默默无闻。这一年，他写了篇题为《羊脂球》的短篇小说，并把它送给福楼拜，请求指点。

福楼拜读完这篇小说后，兴高采烈地向他的学生祝贺说："这篇小说写得太好了，说明你的作品已经成熟了，完全可以问世了！"

不久，《羊脂球》正式发表。这篇小说一问世，就震动了法国文坛，使莫泊桑一举成名。后来，人们争相传颂莫泊桑的作品。

阅后警言

从古至今，标志着社会文明的成果，有艺术品，也有科技产品，但可以肯定地说，科技产品也好，艺术产品也好，无一不是科技大师或是艺术大师勤奋努力的结果，否则就不会有现代文明。

离开了勤奋就不会有伟大的发现

哈佛故事

牛顿被认为是人类历史上最伟大、最有影响的科学家。万有引力定律和三大运动定律被认为是人类智慧史上最伟大的成就。牛顿之所以能在科学领域作出这样大的贡献，除去他自身的素质外，更重要的是他的勤奋和忘我的工作精神。

关于他勤奋忘我的事例有许许多多，这也验证了天道酬勤的结论。

有一次牛顿请人吃饭，客人已经到了，饭菜都已摆上了餐桌，可迟迟不见他的踪影：原来牛顿此时早已忘了请人吃饭的事，正在实验室做他的实验。客人只好自己吃完饭走了。而牛顿一直到得出了满意的实验结果之后才走出实验室，来到餐厅，当他看到客人吃剩的饭菜，还以为是自己吃剩的呢，并自悔道："我还以为该吃饭了呢，原来是吃过了！"

这种废寝忘食的事当然并不都发生在客人来访的时候。一天早晨，牛顿为一个复杂的问题陷入了深思，佣人准备替他煮两个鸡蛋作为早餐。牛顿怕佣人打扰了他的思路，就让佣人把锅放在炉子上，并对佣人说："你不用管了，把鸡蛋放在桌子上，待会儿我自己煮。"过了一会，佣人进来准备收拾餐具，却发现牛顿还在专心致志地思考着，锅里正煮着东西，

而两只鸡蛋却依旧还在桌上，她揭开锅盖一看，天哪！锅里煮的竟是牛顿的怀表！

牛顿在衣着方面也从不讲究，可以说已经到了不修边幅的程度：有时是一只脚穿袜子一只脚是光着的，自己全然不在意。如果有人请他去做客，家人一定得预先为他修饰一番，否则他都不管当时是什么样就会去的，而根据英国上流社会的社交标准，那种模样是不能登大雅之堂的。

牛顿一生没有结过婚。在他青年时代，曾经与他的表妹相恋过。有一次，他轻轻地握着表妹的手，含情脉脉地看着这位美人。正在这紧要时刻，他的心思忽地溜到另一个世界去了，头脑中只剩下了无穷量的二项式定理，像做梦似的，他抓着表妹的手却错把它当成通烟斗的通条了，硬往烟斗里塞。表妹痛得大叫起来，牛顿这才清醒过来，满面羞愧地连连道歉："啊！亲爱的，原谅我吧！我实在是太走神了！看来，我是该一辈子打光棍的！"就是因为太专心研究学问了，牛顿始终未能解决自己的终身大事。正是这样一种"痴迷"的精神，才使他全身心地投入科学研究，成为历史上最伟大的科学家，经典物理学的奠基人。

阅后警言

现实中，牛顿的表现极不常见，因而牛顿这样伟大的科学家也不常有，尽管两者之间并无因果关系，但发生在伟大人物身上的这种现象却是极为普遍的，这或许能留给我们更深的思考。

七 用发展的眼光看世界

Chapter 7

哈佛大学建校三百多年了，但哈佛大学仍然在许多学术领域起着领跑者的作用，这是因为它的教育理念，不管是对静态的自然世界或是动态的人类社会都是以发展的眼光来认识和对待的：静止是相对的，运动才是绝对的。所以，在现实中，无论是做事、做人，还是做学问，都要用发展的眼光对待，即看现在，更要关注未来。

把人生目标定得高远一点

哈佛故事

在20世纪40年代的美国人寿保险行业中，出现了一位精英，他的名字叫班费文。当他第一次走进保险公司想做一名推销员时，却被拒绝了，面试一关就没过去。因为他的身材矮小，容貌很差，口齿不清，但他没有因此而放弃，在他不懈的努力下，他居然成为历史上为数不多的保险推销成功者之一。

他生活和工作的这个小城的人口只有2万多人，而且数十年来，人口也没有增长过。但他主要的生意，都来自这个小城附近40公里以内的地方。

在他总结自己事业成功的经验时，他认为这完全归功于他的奋斗计划。

1938年，他开始干保险业的时候，每周的工资是10美元。接下来，他为自己订下了一个目标，要一周赚取35美元。当他争取到每周35美元时，他又将目标上移，到每周45美元。

他说自己的成功在于计划符合自己的实际和能力。今天的他不用再为生活而努力工作，只是为了完成目标而强迫自己，一定要将当年的目标完成才肯罢休。

阅后警言

有人说：“成功的人生是有计划的人生。”可见计划或目标在人的一生中的重要。但一个人在设计自己的人生目标时，一定要注意把自己的特长、爱好和能力考虑进去，既不妄自菲薄，也不好高骛远，要切合实际。只有这样的目标或是人生规划，才更有望实现。

接受改变

哈佛故事

纽兰是一个很有志向的姑娘，但她的志向也不过是要找到一份自己喜欢的工作，然后成为岗位精英。可开始不久的社会生活就让她感到了极大的失落，她觉得做什么事都不顺利，前进的路上总是充满了艰辛与困惑，这让她不知所措，她甚至开始不明白自己所期望的理想工作到底是什么，它又在哪里。于是，她很苦闷。

纽兰的父亲在当地是一位有名的厨师。一天，他把正在郁闷的女儿带进厨房。他当着女儿的面把三只锅里装满水，然后坐在火上烧。几分钟后，水烧开了。他在第一只锅里放了一根胡萝卜，在第二只锅里放入一枚鸡蛋，在第三只锅里加入了粉末状的咖啡。然后继续煮它们，这期间，他没有说一句话。

纽兰看到父亲的举动，也不知其意，只是耐心地看着。

过了 15 分钟，父亲关掉火，把胡萝卜从锅里取出，放在了一个盘子上，又把鸡蛋捞出来放入一个碗内，最后把咖啡倒入一个杯子中。

完成这些动作后，他问女儿说："你看这些东西发生了什么变化？"

"胡萝卜还是胡萝卜、鸡蛋还是鸡蛋、咖啡依然是咖啡。"纽兰照直说。

父亲让她去摸一下这些东西。当她摸到胡萝卜时，她发现胡萝卜变软了，不像原来那样鲜脆。

父亲接着让她把鸡蛋打破，将壳剥开后。他在剥蛋皮时已不用小心翼翼地怕碰破它了，它已是一只颇坚挺的鸡蛋了。

最后，父亲让她品一品咖啡，纽兰品尝到的是浓醇美味的咖啡。

做完这一切，纽兰觉得这没什么新鲜的，便笑了笑问爸爸："这些又意味着什么呢？"

这时，父亲才语义深长地告诉她："你看，这三样食品在同一时间、同一环境——煮沸的开水中，但它们却表现出了不同的结果：

"胡萝卜在下锅之前，是非常坚挺的，需要用很大的力气才能将它弄断，但在开水中煮过一段时间后，它变得非常软，已经受不了重力了。

“而鸡蛋呢，在没有用开水煮之前，是一种非常脆弱的食物，轻轻一碰便会被打碎，但经过水煮，变得坚强了，不再是不堪一击了。

“而粉状的咖啡更有自己独特的魅力，它进入沸水中，反而把水改变了，使水与自己完美地融为一体，变成了一杯浓醇又美味的咖啡。”

阅后警言

一个人生活在社会中，社会不会因为你个人喜好而改变，要想在社会中健康快速地成长，必须要学会适应社会，当自己的需求与社会环境发生矛盾时，你可以选择顺从环境，也可以选择改变环境，这主要看每个人如何处理自己的难题，在矛盾面前拥有一个什么样的态度。面对矛盾，勇敢者会努力尝试改变周围的环境，让它与自己相适应，或者是自己与它相适应，只有愚蠢的人才会试图去改变环境。

只看眼前，生意是做不大的

哈佛故事

遍布美国风景名胜地的“假日旅馆”大老板拜尔德也是一个白手起家的典型，在创业之初，他的全部家当只有一台靠贷款买来的爆米花机，总价值只有50美元。

第二次世界大战（以下简称“二战”）以后，他开始做小生意，赚了一些钱，于是，他想改行做地产生意。

他之所以想改做地产生意，是源于他对美国未来发展的准确预测。

但是，当时在美国从事地产生意的人屈指可数，因为二战刚刚结束，大多数人都很穷，很少有人会买地盖住宅、建商店、盖厂房，而且当时地皮的价格也很低，利润并不高。

当拜尔德的家人和朋友听了他的想法后，全都反对他，不支持他做地产生意。

但是，拜尔德坚持自己的想法，他觉得他们目光短浅，根本没有预测到地产生意的前景。

他认为，虽然几年的战争使美国的经济停滞了很多，人们都不会买地皮，但是，美国是战争中的胜利国，经济一定会马上进入大发展时期，到那时，买地皮的人肯定会大大增加，地皮的价格一定会飞涨。

于是，带着这种信念，拜尔德用自己的全部资金和从银行借来的贷款在郊区买下了一片很大的荒地。由于这片土地地势低洼，不适宜农作物的生长，所以很少有人看好。

但是，经过拜尔德实考察后，他决定一定要买下来。因为他已经预测到，美国经济会迅速繁荣起来，到那时，城市人口必然会增加，市区没有足够的土地容纳他们。到时候，城市人口就会向郊区延伸，在不久的将来，眼前的这片荒地一定会变成人们争抢的黄金地段。

后来，事实证明拜尔德的预测是正确的。不到三年，美国城市人口激增，市区发展迅速，宽敞的马路一直修到拜尔德当年购买的土地旁边。

这时，人们才发现这是块宝地，且是夏天避暑的好地方。于是，很多人来抢购这里的房子。这片土地的价格也随之翻了好几倍，但是，拜尔德根本不为眼前的小利益所惑，因为，他还有更长远的目标。

过了一段时间，拜尔德在自己的这片土地上盖了一栋汽车旅馆，并取名为“假日旅馆”。

由于这里风景宜人，交通便利，他的旅馆开业后，生意非常兴隆。

从那以后，拜尔德的生意越做越大。短短几年，他的假日旅馆就开了很多家分店，遍布美国各地。

阅后警言

同样是做生意，但小生意与大生意之间的差距却是不可同日而语的。小生意可能只是赚的养家糊口的钱，大生意赚的钱可富甲一方。两者之间的差别虽大，但做这两种生意的人的能力相差的并不一定悬殊，有时，做大生意的人的经商本事可能还会不如做小生意的人的经营本事，而结果出现巨大差别的原因可能就是源于做小生意的人的胆子小，而做大生意的人的胆子大，胆小眼光就短，胆大眼光就远，仅此而已。

有知识就会在你需要时为你变出一些好方法

哈佛故事

当好吃又高产且有很好的抗病虫害等优点的土豆传到法国时，法国农民因对其不了解，所以并不感兴趣，因此，他们也很少栽培。为了提升土豆种植，法国当局花巨资进行宣传，但收效甚微，致使如此优良的食用植物惨遭冷落，于是有人出了一个怪招。

有专家提出在各地种植土豆的试验田边设置全副武装的哨兵日夜把守。当地农民很是好奇，一块庄稼地怎么会有兵把守呢？周围的农民无不好奇，不断地趁着士兵的“疏忽”而溜进来偷土豆，小心翼翼地把偷来的土豆拿回去研究，种在自家地里，用心侍弄，看到底有何不同。一个季节下来，该土豆的优点就迅速广为人知，成为最受法国农民欢迎的农作物之一。

阅后警言

无数的事实证明，凡是遇到难题或是遭遇挫折，无论是发生在个人身上或者是组织中，最终拿出解决办法的人，多是一些知识分子，即那些有学问的人。一个人有知识，就一

定知道寻找问题的解决方法，善推理、善联想、善概括、善总结，而不是拍大腿、拍后脑勺、顿足捶胸。

奋斗，时不我待

哈佛故事

有一个老人要到河的对面去办一件要紧的事，当时已是深秋，河水很凉，于是，老人在河边脱下外衣，就连裤头的边也挽得很高，然后顶着衣服一步一步走下水去。这时有人告诉老人，说上游有桥，老人说知道；又告诉他如果嫌上游远的话，下游也有桥，老人也说知道。但老人没有从桥上过，而是忍着凉趟河过去了。

在老人过桥前后，有无数年轻人也要过河，但在河边他们都停下了。他们都问附近有桥么，有人告诉说上游 10 英里处有桥，下游 8 英里处有桥。那些年轻人听了，立即离开河边，绕道而去。有一个人，或许嫌路太远，没走，他脱了鞋，一步步走进水中，但当冰凉的河水没过他的膝盖时，那人停住了。继而，他又一步一步走上岸来，穿好鞋，离开河边也绕道而去。

生命经不起消耗，那些年轻人，他们在绕道 10 次、20 次或者 100 次、1000 次之后，他们会发现自己也老了。

阅后警言

凡事都求最稳妥、最舒服，最没有风险、最不费力气，于是他们就去找寻，于是，大好的时光，最有激情的年华就这样的找寻中逝去了。

愿赌服输，及时退出

哈佛故事

越南战争期间，一天，尼克松总统要求当时任前线指挥官的斯威士摩兰汇报一下当前的局势。

总统问将军：“我们在越战中要取得的最终目标是什么？”

“平定战乱与征服敌人。”将军很清楚地回答。

“现在，我们离目标还有多远？”

将军说：“要完成目标，我现在还需要 40 万军队。”

总统说：“去年这个时候，你说只有 20 万就够了。我给了你 20 万，结果怎么样？”

“事实上我们到达后，抵抗力量增加了一倍。”将军辩解道。

总统当即说道：“既然 20 万军队产生了双倍的抵抗力，那么 40 万军队就会有 4 倍的抵抗力，所以我认为，继续向越南

派遣军队是不明智的。”于是，总统没有再向越南派军，而是结束了这场战争。

尼克松的决定把美国拖出了越战的泥潭。

回到日常生活中来。买彩票是许多彩民朋友的乐趣，买彩票有中奖的有不中的，不中甘赔是常见的，自己给自己设了投资底线；可侥幸心理会让一个人中了一个小奖，又想可能会中大奖，于是不断地加大投资额度，最后会将生活费用、学习费用、添补家具的费用等，都买了彩票。到这时，人就失去了理智，中奖的机率是一定的，既然自己已经给自己设了底线，就按既定的原则办，赔了就认，绝不可以越陷越深，不能自拔。

阅后警言

如果我们打算开创一个新的就业行当，事前一定要进行前景和目标的论证，特别是这个行当关系到自己一生成败的时候，这个预测工作是决不可少的。如果经过论证，它的前景光明，自然最好；如果论证的结果只是在有限的时间内会有些收益，而从长远发展看，前景并不明朗，那就坚决不为，即使因此而有了一部分前期投入，但从理性的角度来讲，也宜收手。

做富翁不问行当

哈佛故事

自从有人在萨文河畔发现金子后，这里便引来了大量的来自四面八方的淘金者。想成为富翁的动力让他们翻遍了整个河床，并在河床上挖出很多大坑。他们如此惊天动地的大干，有一些人也只是找到了有限的一点金子，这离他们的期望太远了。于是，经过一番折腾，大多数淘金者都相继离开了。

但也有不甘心落空的，便驻扎在这里，继续寻找。雷各司就是一个不甘无功而返的人。他在河床附近买了一块没人要的土地，一个人开始了没日没夜地苦干。他为了找金子，已把所有的钱都押在了这块土地上。他苦干了几个月，直到土地全被他翻了个儿，他彻底失望了，他连金子的影儿都没见着。

半年以后，他连买食物的钱都快没有了，于是他准备离开这儿到别处去谋生。

就在他即将离去的前一个晚上，天下起了倾盆大雨，并且一下就是三天三夜。当雨停下来的时候，他走出小木屋，发现展现在眼前的完全是另一个世界：曾被自己挖的坑坑洼洼的土地早被大水冲刷得平平整整，松软的土地上长出一层绿

茸茸的小草。

雷各司忽有所悟："这里没有金子，但这里的土地很肥沃，我可以用来种花，拿到镇上去卖，他们一定会买些花装扮他们华丽的客堂。如果真这样的话，那么我同样可以赚许多钱啊，有朝一日我也会成为富人……"

看着眼前的一切，雷各司仿佛看到了将来，他一拍自己的大腿说："对，不走了，我就种花！"

于是，他留了下来。买来花籽和相关栽培手册，开始培育花苗，不久田地里长满了美丽娇艳的各色鲜花。

他拿到镇上去卖，镇上的人也果然都是有品味和爱美的人，他们很乐意付少量的钱来买雷各司的花，以便使他们的家变得更美丽多彩。

5 年后，雷各司终于实现了他的梦想——成了一个富翁。

"我是惟一的一个找到真金的人！"他时常不无骄傲地对别人这样说。

阅后警言

如果我们的目标就是要通过奋斗让自己成为一个富翁，过富裕生活的话，那我们就不必计较是要淘金还是要做生意，因为，我们关注的是如何赚到钱，而不是应该用什么方法。只要不违法，只要可行，只要赚钱，就不问出处。

要选择有上进心的人为朋友

哈佛故事

有世界潜能大师之称的博恩·崔西指出："所有与你有密切接触的人都会对你想成为理想人物的目标有极大的影响力。"

因此，我们应注意要和有志成功者在一起，同时远离那些自暴自弃、意志消极的人。

目标短浅，意志消极的人在生活中注定不会有很大的成就。他们每天都在浪费时间，牢骚不断，并且一逮到机会就抱怨个没完。假如和这种人在一起，就会变得像他们一样。

大卫·马克特兰德博士在哈佛大学做了多年的研究之后，发现一个人选择的"参考团体"，是决定他未来的最大因素。这个参考团体就是他所认同、交往，并且和自己性质相同的团体。

家庭是你的第一个参考团体。

一个人在成长过程中，自然而然地会去寻找并且吸引那些和他类似的人。他会因为自己和他们有很多共通点而认同他们。当他在做决定和采取行动的时候，会自然联想到他们。他们就是这个人的参考团体。

当一个人年纪渐长，他的学校及同学就成了他参考团体的成员，他的校友与工作伙伴也是他参考团体的成员，他的社交活动以及社会关系就成了他参考团体的一部分。

随着时间的脚步，这个人会在心里塑造出自己以及那些和他相似的人的形象。他会和这些人有相同的价值、态度、行为、思想、意识形态及信仰。

一个消极、没有目标的参考团体，会让这个人和这个参考团体一样，变得消极和毫无目标。

由于一个人的参考团体对他有很大的影响力，他一定要和消极的人保持距离，并且尽量在生活中避开与这些人接触。

避开这些人的目的是避免他们将所有的消极情绪传染给我们。另外一方面，积极的人会让一个人觉得快乐。他们都是非常积极而愉快的，他们振奋人心并鼓舞士气，而且永远都在谈机会和可能性。成功的人生是别人愿意与你为伍的人生。和你在一起，不是因为你有钱有势，而是因为你对生活的乐观，令人振奋。

阅后警言

在交友的问题上，有一句警言叫：“交必良友”，人生说短也短，说长也长，朋友像亲人一样与我们有很长的相处时间，从长远来看，和积极的人在一起会让你更积极；和消极的人在一起会让你更消极。这是因为相处的较长，影响也较大的原因。因此，从长远计，交友要慎重，一定要选择对生活有上进心的人做朋友。

做人做事都不可固步自封

哈佛故事

有一个木匠，他最拿手的是做门。他曾费了好多时日给自家精心做了一个门，这个门用料实在，做工精良，在当时算是一个质量上乘的好门。

后来，门上的钉子生锈了，一块门板有些松动，于是，木匠找出一个新钉子重新把松动的门板钉好，门又完好如初。后来陆续有钉子烂掉，接着又有门板开始腐蚀，于是，木匠换完了钉子换门板，再后来换门栓、换门轴。若干年后，这个门虽经无数次破损，但经过木匠的精心修理，仍坚固耐用。木匠对此甚是自豪，多亏有了这门手艺，不然门坏了就得花钱去买。

然而有一天邻居请他看看他们家的门，木匠看了才发觉邻居家的门一个个样式新颖、质地优良，而自己家的门却又老又破，打满了补丁。于是木匠似有所悟，要不是看了人家的门，自己还以为自家的门还是最好的呢！

学一门手艺很重要，但换一种思维更重要。行业上的造诣是一笔财富，但也是一扇门，能关住自己。

阅后警言

这是一个很有理智的木匠，通过现实，他能够很坦然又很诚恳地发现自己的做法已跟不上时代的步伐。自以为是、固步自封应该说是存在于许多人身上的通病，勤俭节约、自力更生虽然说是一种好的传统，但传统也需根据现实进行及时地修正，才能发挥出传统优势，让自己不落后于时代。

健康的生活不能缺少动力

哈佛故事

有一位长期在非洲大草原奥兰治河两岸研究羚羊生活习性的动物学家，他在长期的研究过程中发现，生活在河东岸的羚羊群的繁殖能力要比河西岸的强许多，河东岸羚羊群每分钟奔跑的距离也要比西岸的多 13 米。

如果这是个别现象倒也并不奇怪，可这是普遍现象，就让这位动物学家长时间百思不得其解。因为，河两岸的羚羊种类和生存环境全都相同：它们都属于羚羊类，都在半干旱的草原地带生长，饲料的来源也相同，都以一种叫做莺萝的牧草为食。

有一年，这个动物学家在动物保护协会的赞助下，于奥兰治河的东西两岸各捉捕10只羚羊，并且将它们分别送往了河对岸。结果一年之后，从东岸运往西岸的10只羚羊繁殖到了14只；而从西岸运往东岸的那10只，不但没繁殖，而且只活下来3只，另外的7只则全都被狮子吃掉了。

最终，这位动物学家明白了：东岸的羚羊之所以强健，那是因为在它们附近生活着狮群；而西岸的羚羊之所以弱小，恰恰是因为缺少了天敌。

在自然界当中，没有天敌的动物往往会最先灭绝，具有天敌的动物反而会逐步繁衍壮大。

大自然的这一规律，对于人类社会也同样适用。比如说，罗马曾经是一个非常强盛的帝国，但是后来却灭亡了。而真正令罗马帝国走向灭亡的，不是别的，正是它自己。一个没有了敌人的帝国，在长期的安逸当中，终于由于惰性而慢慢退化，最后遭遇不可避免的消亡。

阅后警言

任何个人和组织的成长壮大，自然促成的因素很有限，而最重要的原因来自外部环境的作用。比如，一个人会因有另一个人在觊觎自己现有的工作岗位而自觉地提高技能，以免失去这个岗位，一个国家会因为另一个国家对自己虎视眈眈而富国强兵，此皆是明证。

一切都会过去

哈佛故事

1929年，美国经济危机大爆发，纽约股市崩盘。这一天，华尔街一家公司的总裁自己都不知道是怎样回的家。一进门他就径直地跌坐在沙发里。看着失魂落魄的他，妻子递过一杯水然后问他："遭遇了多大的事啊，能让你这样的失魂落魄！"

"完了！我被法院宣告破产了，家里所有的财产明天就要被查封。"说完丈夫则不断地叹气。

妻子平静地问丈夫说："你的身体也被查封了吗？"

"没有，他们怎么有权力来查封我呢？"丈夫不解地抬起头。

"那么，查封我了吗？"

"他们也没有权力那样做！"他突然变得严肃了起来，肯定地说。

"那孩子们呢？"

"他们更没有权力这样做！"

"既然如此，你怎能说家里所有的财产都要被查封了呢？你还有一个支持你的妻子，有一群充满希望的孩子，而且你有丰富的经营经验，还有上天赐予你的健康身体和智慧头脑，

这是多少钱也换不来的财富啊！”

妻子的一番言语让丈夫重新振作了起来。在罗斯福任总统期间，美国经济经过调整，得到迅速发展。三年后，这位丈夫的公司也东山再起，他本人也成为了美国《财富》榜上的知名人物。

阅后警言

无论发生在我们身边，还是我们正在切身体验和承受的一切，无论它们之于我们是好事还是坏事，它们最终都会过去的，而我们每天做的就是按着责任和义务完成我们该完成的事。我们没有能力保证该过去的不过去，也没有能力阻止该到来的不到来。

不随便给人定性

哈佛故事

成功学大师卡耐基小时候在众人眼里并不是一个有出息的孩子。

在他9岁的时候，父亲为他娶了一个继母。当时他们是居住在乡下的贫苦人家，而继母则来自富有的家庭。

父亲在向继母介绍卡耐基时说：“我们这个儿子是全郡最

坏的男孩，说不定哪天早晨他就会拿石头扔向你，或者做出你完全想不到的坏事。”

让卡耐基没想到的是，继母并不认同父亲所说的话，而是微笑着走到他面前，托起他的头认真地看着他。接着，她回头对丈夫说：“你错了，他不是全郡最坏的男孩，而是全郡最聪明、最有创造力的男孩。只不过，他还没有找到发泄热情的地方。”

继母的话顿时让卡耐基心里热乎乎的，眼泪几乎滚落下来。就是凭着这一句话，他开始喜欢继母，也就是这一句话，成为他一生的动力，使他日后创造了成功的 28 项黄金法则，帮助千千万万的普通人走上成功和致富的道路。

在继母到来之前，没有一个人称赞过他聪明，父亲说的没错，父亲和邻居都认定：他就是坏男孩。但是，继母就只说了一句话，便改变了他一生的命运。

卡耐基 14 岁时，继母给他买了一部二手打字机，并且对他说：“相信你会成为一名作家。”卡耐基接受了继母的礼物和期望，并开始向当地的一家报纸投稿。他了解继母的热忱，也很欣赏她的那股热忱，他亲眼看到她用自己的热忱如何改变了他们的家庭。所以，他不愿辜负她。

来自继母的这股力量，激发了卡耐基的想象力，激励了他的创造力，激活和挖掘出了隐藏在他身上的无穷智慧，使他成为美国近代史上最伟大的成功学导师和20世纪最有影响的人物之一。

我们在教育孩子时，首先要让孩子知道，一个人要首先能够认识和了解自己。在这方面，有的人能做到，有的人却做不到，即使说有的人能做到也只是基本情况，他也做不到全面透彻地了解自己，因为一个人的性格和行事风格，以及所具有的各种能力是随时改变的，而这种改变需要时间和阅历，或是正向的，或是消极的，也许很小，也许大的惊人，这些就连我们自己也可能无法预测，所以，对任何人都不应该随意下结论。

人的成长是需要投资的

哈佛故事

托马斯3岁的时候，爷爷为他做了一个玩具沙箱放在了后院。托马斯的爸爸看到后对妻子说："咱们的院子算是毁了，以后花床里会被这小东西扔满沙子，猫也会赶去凑热闹，我的草死定了。"可妻子却说："亲爱的，别担心那些草，它们还会长出来的。"

当托马斯5岁时，他央求父母在院子里为他架一个秋千。此后，他爸爸又对他妈妈说："这下可惨了。你去隔壁勃卡家

看看，他家后院自从架了这玩意儿，孩子成天用运动鞋刨地，他爸爸辛辛苦苦培养的草坪都变成沙板了，我的草坪也早晚逃不过这样的命运。”

可妻子依然不慌不忙地说：“亲爱的，别担心那些草，它们还会长出来的。”

托马斯 8 岁大了，他把玩耍的场地移到了他爸爸修建的后院草坪中。爸爸一边给他的园地浇水，一边对妻子唠叨着：“天晓得这里会变成什么样子！我敢肯定，过不了多久，这里就是一块不毛之地了。”

可妻子的回答没有变，依然是：“别担心，那些草会慢慢长出来的。”

当托马斯 12 岁那年，他邀请一帮朋友来家里露营。父亲站在屋里，透过窗口看着孩子们在院子里打桩子、支帐篷，不住地摇头叹息：“早知如此，我还不如拿这些草籽去喂鸟，而如今，草是长出来了，可是‘割草机’们也开进来了。”

妻子依然安慰道：“亲爱的，草迟早会长出来的。”

托马斯 16 岁的时候，他们家车库墙壁上高高的篮球筐引来了一群年轻人，草坪上的斑秃刚被爸爸修补好，可现在渐渐扩展到了整个院子，这里彻底沦为了不毛之地。

托马斯的爸爸感叹道：“我只不过是想拥有一块小小的草地，这愿望实现起来怎么就这么难呢？”他转身看了看托马斯的母亲说：“我知道你肯定还是会说：‘草迟早会长出来的。’”

再后来，托马斯上了大学，爸爸早已修补好了的草坪茂密的青草又覆盖了整个院子，如同为小院铺上了厚厚的绒毯。

一个人从小到大的成长是需要投资的，这种投资表现为多种形式，有金钱、有空间、有物品、有时间、有情感。而这些投资对于一个人的健康成长是极为有益的，甚至可以说，这是以极小的投资孕育着极大的收获。一个人必须有这样的远见，切勿为维护眼前小利而痛失未来。

是不是天才未来才能做评判

哈佛故事

爱因斯坦是著名的理论物理学家、思想家及哲学家。因为其对理论物理的贡献，特别是发现了光电效应，而获得诺贝尔奖。可是他小时候的表现却不被人看好，他 4 岁时才能说一些含糊不清的话语，周围的邻居甚至说：“这孩子看上去是个弱智，长大了很难办啊！”

上学的第一天，老师在分配座位时就有一个同学表示不愿意和他坐在一起，因为他呆板木讷，看上去就像一个小可怜虫。在课堂上，老师向他提了一个简单的问题，他竟支吾半天，最后还是没有说出一个字来，而且脸还涨得通红。

同学们看见他的模样就哄笑他是笨蛋！

放学回家后，小爱因斯坦背着书包坐在家里的门槛上发呆。细心的父亲注意到了孩子的沉默，拉着他的手问：“亲爱的，你怎么啦？”

小爱因斯坦哭着扑到了父亲的怀里：“同学们都说我是一个小笨蛋！”

“不！”父亲擦掉了小爱因斯坦脸上的泪水，严肃地说：“儿子，你弄错了。上帝曾经告诉过我们，是不是笨蛋，未来说了算！”

“真的吗？上帝真的说过这样的话吗？”小爱因斯坦满脸期待地问父亲。

父亲坚定地点了点头，小爱因斯坦的脸上露出幸福自豪的笑容。

后来，每当爱因斯坦取得一点点的进步的时候，父亲都会给他送上一阵热烈而真诚的掌声鼓励他。慢慢地，爱因斯坦相信了父亲的那一句话，“是不是笨蛋，未来说了算”，他的内心充满了希望，并通过努力最终成为了科学巨匠。

阅后警言

一个人的创造力不管是多么的伟大和了不起，都是他在自己的成长过程通过不断地吸取知识之后产生的。所以，一个人尽管生下来不久就可以通过他对外界的感知程度和行为判评出他是否是聪明的，但不能判评他将来就是一个伟大的创造者，因为我们此时还不能确定他是一个善于汲取世界知识营养的人。是不是，只有未来说了算。

做事不能缺少耐心

哈佛故事

奥本·海默是享誉海内外的著名的物理学家，由他主导制造出了世界上的第一颗原子弹，因此，他被称为“原子弹之父”。一次，他要在一座大型的体育馆做演讲。

那天，会场挤满了前来听演讲的人，人们在热切地等待着奥本·海默做精彩的演讲。当大幕徐徐拉开时，人们看到的是，在舞台的正中央吊着一个巨大的铁球。为了能吊着这个铁球，台上搭起了高大的铁架。

奥本·海默在人们热烈的掌声中走了出来，站在铁架的一边。

人们惊奇地望着他，不知道他要做什么样的讲演。

这时，两位工作人员抬着一个大铁锤，放在奥本·海默的面前。主持人要请两位身体强壮的观众到台上来，好多年轻人站起来，转眼间已有两名动作快的跑到台上。

奥本·海默请他们用这个大铁锤去敲打那个吊着的铁球，直到让铁球荡起来为止。

一个强壮的年轻人抡起大锤，全力向那吊着的铁球砸去，一声震耳的声响过之后，那吊球动竟没动。他就接二连三地砸，很快他就抡不动锤了，气喘吁吁。另一个人也不示弱，接过大铁锤把吊球打得叮当响，可是铁球仍旧一动不动。

台下逐渐没了呐喊声，观众好像认定那是没用的，就等着奥本·海默做出解释。会场恢复了平静，奥本·海默从上衣口袋里掏出一个小锤，然后面对着那个巨大的铁球不停地、有节奏地敲击。

10 分钟过去了，20 分钟过去了，会场早已开始骚动，人们用各种声音和动作发泄着他们的不满。奥本·海默仍然一小锤一小锤地敲击着，他好像根本没有听见人们在喊什么。人群中有的开始愤然离去。

大概在奥本·海默进行到 40 分钟的时候，坐在前面的一个人突然尖叫一声："球动了！"霎时间会场鸦雀无声，人们聚精会神地看着那个铁球。那球以很小的摆度动了起来，不仔细看很难察觉。奥本·海默仍旧一小锤一小锤地敲着。吊球在他一锤一锤的敲打中越荡越高，它拉动着那个铁架子"哐、哐"作响，它的巨大威力强烈地震撼着在场的每一个人。终于场上爆发出一阵阵热烈的掌声，在掌声中，奥本·海默转过身来，慢慢地把那把小锤揣进兜里。

奥本·海默开口讲话了，他只说了一句话：在成功的道路上，如果你没有耐心等待成功的到来，那么你只好用一生的耐心去面对失败。

阅后警言

所有的成功都不可能是一蹴而就的事情，它就像一颗树

的种子，要等到它长大成材，需要你有足够的耐心去等待。如果你能耐心等上10年，它就一定能长成参天大树。耐心是一种素质，需要从点滴的小事中培养。养成有耐心的习惯，才有最终获取成功的可能。

能否达到目标，在于你对目标的信念

哈佛故事

坐落在大漠深处的阿拉比国，由于多年的风尘肆虐，使城堡变得满目疮痍，人民的生活也越来越困苦，一天，国王对他的四个王子说，他打算将国都迁往美丽而富饶的卡伦。

据说，卡伦离这里很远很远，要翻过许多崇山峻岭，要穿过草地、沼泽、河川，以及还有其他不能预测的危险，但究竟有多远多险，没有人知道。

于是，国王决定让四个儿子分头去探路。

大王子走了七天，翻过三座大山，来到一望无际的草地边。他一问当地人，得知过了草地，还要过沼泽，还要过大河、雪山。当地人还告诉他，看他现在的样子是根本不可能到那里的，他稍加犹豫便回来了。

二王子比大王子走得远一些，他骑马穿过一片沼泽后，便被一条宽阔的大河吓了回去。

三王子过了那条大河，又比二王子多走了一段，但面对一片辽远的大漠也不得不退缩了。

一个月后，三个王子陆陆续续回到了国王那里，将各自沿途所见报告给国王，并都再三强调，他们在路上问过很多人，都告诉他们去卡伦的路很远很远。又过了五天，小王子风尘仆仆地回来了，兴奋地报告父亲说，他已到达了卡伦，那里的确是个无比美丽富饶的地方，路虽然远了点，也有许多艰险，但是可以到达的。

国王满意地笑了："孩子，你说得很对，其实我早就去过卡伦了。"

几个王子不解地望着国王，那为什么还要派他们去探路？

国王郑重地说道："我只想告诉你们四个，能否达到目的地，在于你们有没有要达到目的的信念。"

阅后警言

人的脚和路在长度上，不成比例，但我们必须明白一个道理，脚没有路长，但没有脚走不到头的路。

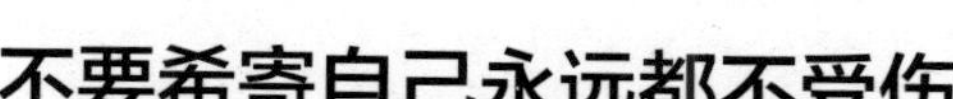

不要希寄自己永远都不受伤

哈佛故事

英国劳埃德保险公司从拍卖市场买下一艘船，这艘船原属于荷兰福勒船舶公司，它在1894年下水，在大西洋上曾138次遭遇冰山、116次触礁、13次起火、207次被风暴扭断桅杆，然而它从没有沉没过。

劳埃德保险公司基于它不可思议的经历及在保费方面带来的可观收益，决定把这艘富有传奇经历的船从荷兰买回来捐给国家。现在，这艘历尽沧桑，船体微微有些变形，它就停泊在英国萨伦港的国家船舶博物馆里。

不过，使这只船名扬天下的并非劳埃德公司，而是一名来观光的律师。当时，这名律师刚刚打输了一场官司，委托人也在不久前自杀了。尽管这不是他的第一次辩护失败，也不是他遇到的第一例当事人自杀事件，然而，每当他遇到这样的事情，他总有一种歉疚感。他不知该怎样去安慰这些生活中遭受了不幸的人，这些人有的被骗，有的被罚，他们或血本无归，或倾家荡产，也有的因打输了官司，落得债务缠身。

当他在萨伦船舶博物馆看到这只船时，忽然有一种想法，在打官司前都建议他们去参观参观这条船，相信他们看完之后，就会把胜败的结果看得很淡。于是，他就把这艘船的历史抄下来和这艘船的照片一起挂在他的律师事务所里，每当商界的委托人请他辩护，无论输赢，他都建议他们去看看这艘船。

据英国《泰晤士报》介绍，至今为止，已有超过 2000 万人次参观过这艘船，仅参观者的留言就有 200 多本。

也不知道参观这艘船的人都受到了哪些启示，但有一点似乎是肯定的，那就是，他们知道了在海上航行的船没有不带伤的。

阅后警言

在大海上航行，没有不带伤的船。在生命的旅程中，没有不受伤的心！既然我们已经下定决心要扬帆远行，就应提前做好承受风浪的准备；既然我们融入这个社会，就不要期寄自己永远都不受伤。

洞悉真正的人性

哈佛故事

很早以前，在一个王国里发现了一座大金矿，国王准备在国内征集大批精壮劳力前去开采。这时身边一个大臣献策道："陛下，开采金矿不必去另征劳力，那样既耗时又费钱。现在监狱里的囚犯人满为患，可以利用他们开采。他们不是特别喜欢金子吗？让他们去开采金矿，他们准会十分乐意，干起活来一定比谁都卖力，这样我们会一举两得。"

国王不无担忧地说："让囚犯们去开采金矿，如果他们将金子偷走怎么办？"

大臣说："陛下请放心，这些囚犯之所以犯罪，都是因为他们的贪婪。面对如此大的一座金矿，他们谁不想据为己有啊？到最后他们肯定会为争夺开采出来的金子而互相残杀。而我们要做的工作只是派出一小队卫兵守在金矿的出口处，不让他们将金子带出金矿就可以了。这样不用花一分钱，也不用出一分力，就可以收金子了，何乐而不为呢？"

"这的确是一个好办法！"国王对此大加赞赏，并下令将监狱里在押的因贪污、受贿、偷盗、抢劫而获罪的囚犯全都送到矿区采金子去。

半年后，国王想去察看一下采矿的进展情况。于是，在群臣的簇拥下，国王来到了矿区。果然，在洞口他们发现了几十具腐烂的尸骨。他们猜想预测的情况一定是应验了，矿井里除了尸骨就是堆积如山的金子。

可是进洞后，一切并未像大臣和国王所预料的那样——尸横遍野，金子堆积如山，矿山只是被开了一个小口子，并未触及金子。洞口死去的都是守护金矿的卫兵和少数几个囚犯。这是怎么回事呢？先前出主意的那个大臣大惊失色，面如灰土，他怎么也不相信一群贪婪之人会放弃一座金山而逃跑。

原来，就在囚犯到达矿山的第三天晚上，他们就一起密谋杀死了洞口的卫兵，然后逃跑了。

阅后警言

其实，在囚犯们的心底，失去自由的人此时的最大愿望已不再是名利，而是自由。

人类要有共生意识

哈佛故事

所谓的共生意识，就是人类要保证自身的生存，但也要保证其他生物的生存条件，万物是相互依存的。对生物界的研究证明：自然界因其与其相关联的生物灭绝而使自身灭绝，是有些生物绝迹的惟一原因。因此，人类要用长远的眼光来看待生物界。

英国伦敦的西部，在经济快速发展的时候，被称为“英国的加利福尼亚”。各种行业在此竞相“怒放”，在这一区域，有一片 300 平方英里的空闲土地。由于这里是住房需求最强劲的地区，无数房地产开发商的眼光都盯住了这里，并向伦敦市政府提出建房申请。为了缓解城市住房压力，政府计划在这里建造 2 万间房屋。

但就在开发商拿到了开工许可证不久，事情却发生了变化。伦敦市政府突然宣布，取消所有的建房计划。已批准的开工许可证作废。政府的这种朝令夕改的做法让开发商们十分恼火，他们要求得到一个合理的解释。政府的回答是：我们应该尊重在这里栖息的鸟类。

原来，当地政府在开发前期的调查中发现，在这一地区，有大量的石楠树和其他植物，森林云雀和夜莺等多种鸟类常年在这些树上筑巢。为了不破坏鸟儿们的生活环境，政府决定放弃建房计划，为小鸟们的生存让路。

无独有偶，和英国小鸟一样受到尊重的，还有新西兰的蜗牛。

索里德公司是新西兰的一家能源公司。一天，工人们在新西兰南岛的斯托克顿煤矿采煤时，意外发现了一种稀有的蜗牛，他们立即停止工作，把这一情况报告给了公司。

公司得到消息后，立刻邀请了有关专家前去做实地勘察，当他们确认这是一种目前尚存的极珍稀的蜗牛后，马上停止了那一区域的作业。为了不破坏这些蜗牛的生存地，索里德公司绕开了蜗牛的居住区，选择了另一个方向掘进。这一措施使工期延误了 19 个月，公司的成本支出增加了 897 万美元。

许多人都认为，索里德公司为了微不足道的蜗牛造成这么大的损失是不值得的。但他们的回答是，价值不是这样计算的，如果能用 900 万美元再生一种生物，那它的价值就远不只 900 万美元了。从另一个角度讲，保护它们也是在保护我们人类自己。

以上两个故事讲的是一个理念，人类要树立共生意识。

许多时候，人们都是把注意力放到自身的生存上，而从没有把一群鸟、几只小蜗牛上升到生命的高度，把它们和人类相提并论，并尊重。这是一种缺少战略发展眼光的做法。

阅后警言

如果人类能无愧于万物之灵的称号，那我们就有义务让所有的生命都能够有尊严地活着。事实上，对动物的任意宰割和猎杀，决不是人类灵动优势的发挥，而是人类丑恶凶残的显露。